紫雷イオ 秘蔵写真館

◎大川昇 撮影

逸女入場

逸女の戦い

④

⑤

⑥

逸女の舞い

①

②

③

逸女の技

月面水爆

勝利の栄光

STARDOM
WORLD WONDER RING
WONDER OF STARDOM
CHAMPION
FIESTA
2013

ART
BONDS

覆面コレクション

CHAMPION

CHAMPION

TOILET
WORLD OF STARDOM
CHAMPION

覚悟

「天空の逸女」
紫雷イオ自伝

彩図社

はじめに

2017年3月9日。後楽園ホール。

紫雷イオ、里村明衣子 vs 岩谷麻優、橋本千紘

私はデビュー10周年記念大会のメインイベントのリングに立っていました。まずはタッグを組んでくださったセンダイガールズプロレスリングの里村明衣子選手、対戦相手になってくださったセンダイガールズプロレスリングの橋本千紘選手。そして、岩谷麻優……本当にありがとうございました。

試合ではもちろん、リング上に集中していましたが、改めて振り返ってみると、あの日、リングに上がってくださったみなさん。スタッフのみなさん。そして、この10年間に関わってくださったみなさん。何よりも、これまで私を応援してくださったファンのみなさんには感謝しかありません。

だって、みなさんがいなければ、たぶん、私はプロレスを10年も続けることはなかったと

思います。そもそも、デビュー当時の私を知っている人の中で、誰が10年も続くと思ったでしょうか……。続けてこられたのは、それだけ支えてくれた人が多かったということです。大げさかもしれないけど、あの日のリングは奇跡と軌跡が重なっての舞台だったと思うし、だからこそ感謝の言葉しか出てこないです。

10年間……まずは逃げなくてよかった！

思えば、私、紫雷イオはなりたくて女子プロレスラーになったわけではありません。何の目標もなく16歳でデビューしたわけです。もちろん、その後は目標を持って女子プロレスラーとして生きていこうと決めたけど、今になって思えば、随分と失礼なデビュー当時だったわけです。

周囲からは冷たい視線で見られたり……もちろん、自分が至らなかったと自覚してるけど、本当に逃げ出したかったですよ。だから、10年前にデビューした16歳の私にかける言葉があるとしたら、「大丈夫だよ！　自分の力で取り返せるから！」って言ってあげたい。それほど、10周年のリングは感慨深かったのです。

そんな10周年を迎えた私に、「自伝を書きませんか？」というお話が舞い込んできたのは２０１７年が明けた、まだ寒い頃だったと思います。

とてもありがたいお話ですし、嬉しいお話でした。

だけど、私、そもそも文章を書くのも苦手だし……と迷っているところを「自伝を出すチャンスなんて、めったにないことだよ」と背中を押してくれたのが、スターダムのロッシー小川社長でした。

たしかに、これはチャンスだぞ。そう思ってはみるものの、問題がないと言ったらウソになるわけで……（まぁ、今後のことですけどね）。それに、『自伝』というからには……私には避けては通れない事件もありました。そして、読者のみなさんにとっては、そこが一番読みたい、知りたいことだろうってことが重々分かります。

正直なところ、「今さら……」という気持ちが自分の中にあります。思い出したくもない、ということが本音であったりします。だけど、これからの11年目から先へ進むには、この本で一区切りをつけるのもアリかなと思ったんです。

その他にも、この本を区切りにして次へ進もうということがあって、「よし！　書こう！」と決めました。

しかし、２０１７年5月中旬現在、私の周辺が慌ただしいことも事実です。たとえば、この本に書いた〝これから〟への想いや考えが、本屋さんに並ぶ頃には覆っているかもしれません。だけど、10周年を迎えた今の紫雷イオの気持ちを残せればいいのかなって。

あとは……最近、同世代の女性のファンの方が増えてきて（すごく嬉しいし、ありがたいです！）、みなさんもいろいろな経験をされていると思うんですよ。だから、同世代の女性に共感してもらったり、少し偉そうだけど、私のこれまでの活動を知って何かの役に立てていただければという気持ちも少しはあります。

本来の私はネガティブ思考で、自分を褒めるよりも自分の粗探しをして落ち込むことが得意なわけですが、唯一、私が誇れることがあって。

それは逃げないこと。

プロレスラー10周年、リングの上では「スター！」って言ってもらえはするものの、正直なところ、リングの上の私はまだ薄っぺらいもんです。誰よりも自分自身が分かっています。だけど、逃げなかったことでピンチをチャンスに変えてこられたし、チャンスの掴み方だって覚えた。やり方次第で「変われるよ！」ということもあるんです。そのヒントをご紹介することで、みなさんが読んだ後に少しでも得られるものがあったら嬉しいです。

それでは、ほんの少しだけ、私、紫雷イオにお付き合いください。

2017年5月吉日　紫雷イオ

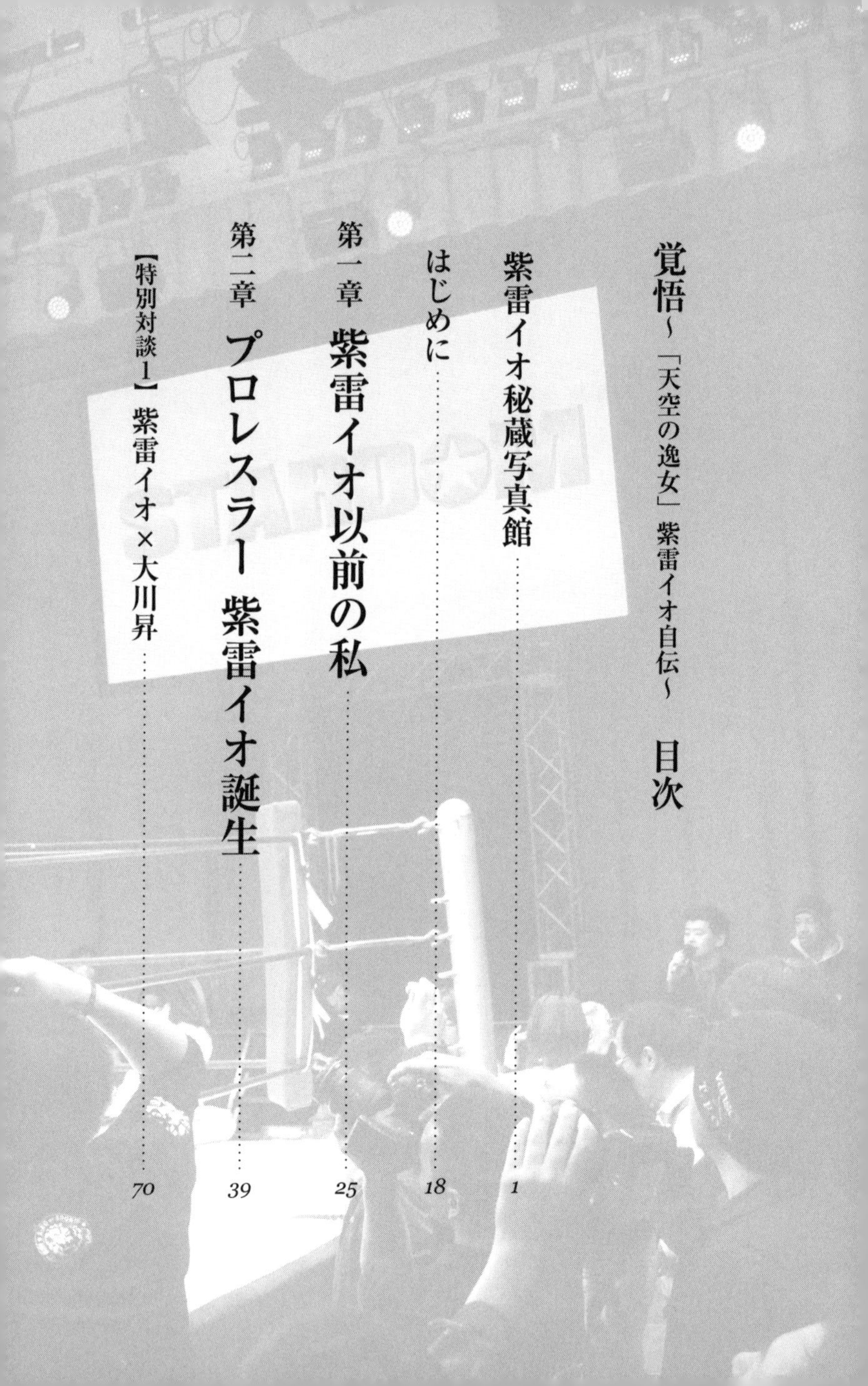

覚悟～「天空の逸女」紫雷イオ自伝～　目次

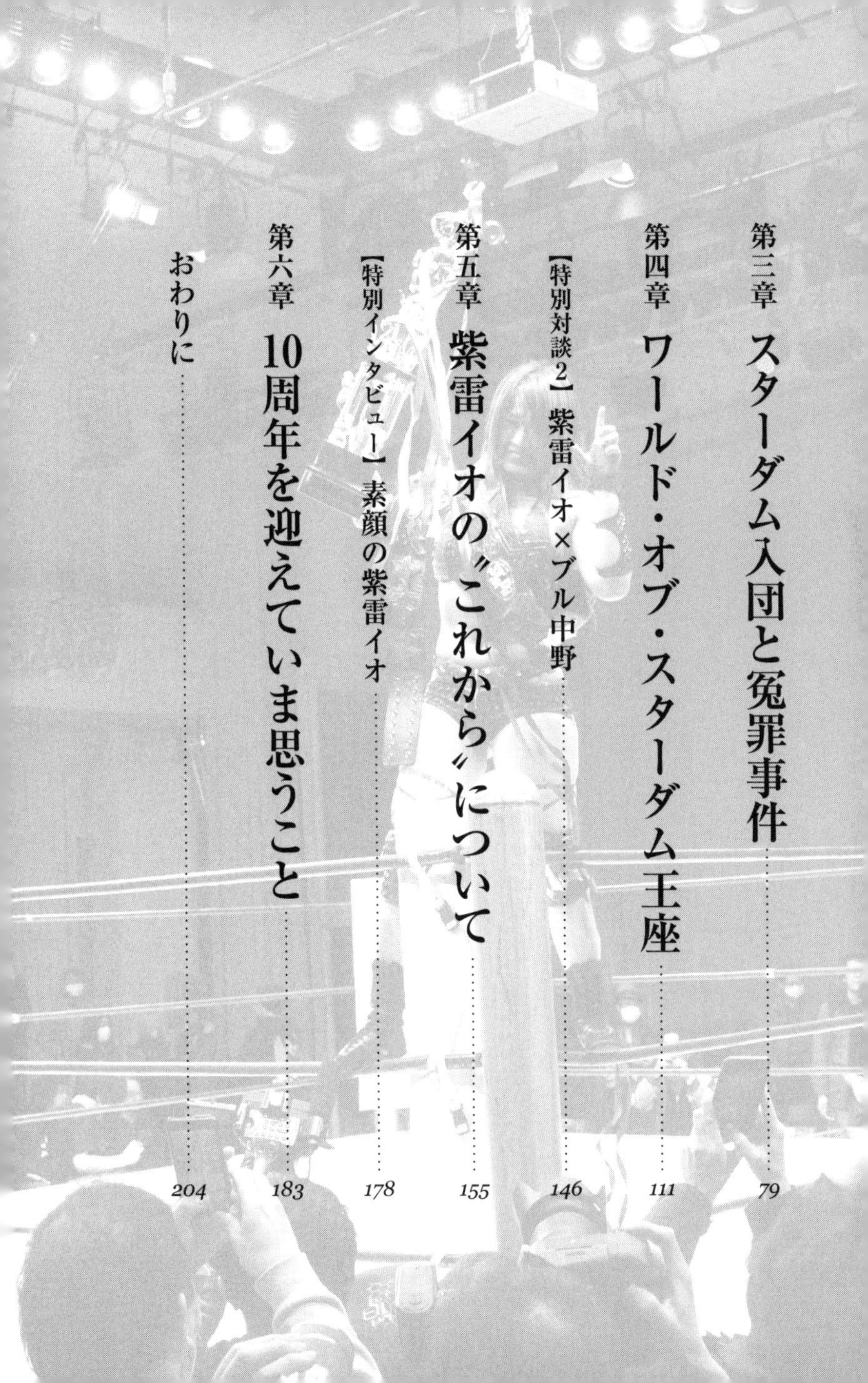

本文写真：大川昇、柳原裕介

第一章

紫雷イオ以前の私

引っ込み思案の内弁慶

1990年5月8日。

神奈川県鎌倉市で三人姉妹の三女として私、紫雷イオは生まれました。

そうです、〝三人姉妹〟なんです。

紫雷姉妹としてプロレスラーデビューしているので、2歳年上（早生まれのため学年は3つ上）の姉である紫雷美央との二人姉妹というイメージがあるみたいですが、5歳上の姉がいて三姉妹です。ちなみに長女は一般人で主婦をしていますが、育児や私と美央のことを書いているブログを開設していて、本を出版するなどなかなか好評のようです。

同じ敷地内に父親の両親、つまり、私にとっては祖父母の家があって、それに私たち家族が住む家があって、断片的ではあるけれど、そんな鎌倉での日常生活が私の中の一番古い記憶です。

思えば、プロレス人生もそうなんですけど、私は子どもの頃も、自立するまで、姉頼りの人生で、ずっと姉の背中に隠れているような子どもでした。お姉ちゃんたちがいるのが当たり前で、学校ではあまり自分の主張ができなかったんですよね。だけど、家に帰ったらお姉ちゃんや父、母がいて、家族だから自分の言いたいことを言える、みたいな。そんな子どもでした。内弁慶の極みです。

悲しかった両親の離婚

子どもの頃の思い出というか、覚えていることとして、6歳の時に両親が離婚したんですね。母が私たち三姉妹を連れて鎌倉を離れることになりましたが、6歳だとその意味が理解できないじゃないですか？

母は11歳だった一番上の姉には離婚の説明をしたみたいですけど、私としては急に母から「お父さんのところには帰れません」と言われて鎌倉の家に帰れなくなってしまった悲しみとか、寂しさ。あとは私は末っ子だったこともあって、よく祖父母の家に預けられていたんです。だから、おじいちゃんとおばあちゃんと離れることも辛くて。……昨日まで過ごしていた日常生活が突然なくなる恐さを感じました。

とくに「お父さんとは、もう死ぬまで会えないのかな？　イヤだな～」と思うとね……。その時は本当にそう思って、大泣きして。だけど、お姉ちゃんたちがいる心強さもあって、なんとか子どもなりに新しい環境には慣れました。それで、慣れてしまうと、「まぁ、お父さんのいない生活でもしょうがないな～」って思えるようになって。それから、埼玉に1年、その後、東京の下町エリアで過ごしました。

目立つのがイヤだった小学生時代

そして、小学生になるわけですが、三女の私と長女の年齢差は5歳なので、小学校では三姉妹が一緒に登校していたこともあります。それで、たとえば分度器とかを忘れた時は、「お姉ちゃ～ん」って感じで、姉の教室へ借りに行ってました（笑）。そして、相変わらずの引っ込み思案の内弁慶という……。

転校とかも理由になるけど、友達も少なくて。そんな中で一人だけ幼なじみで幼稚園から小学校1年生まで一緒だったナオちゃんという子とは仲がよかったんです。だけど……やはり、彼女の陰に隠れるような性格でした。

思えば、当時から性格は変わってなくて。今でこそ、リングの上では「私がエース」とか言ってますけど、私、本当は二番手が好きです。誰かの後ろに隠れているのが居心地いい。今でもそう思うこともあります。

戦隊モノのヒーローってレッドがセンターじゃないですか？

それで、みんなが憧れますよね？

でも、私は後ろに隠れていたい、ブルーやグリーンのように王道ではなく二番手、三番手でいたいって思ってしまうんです。

今は一応、スターダムという団体でトップを張っていることもあって、インタビューなどで「学生時代は学級委員、生徒会長だったんでしょ？」的なことを聞かれたりしますが、とんでもないですよ。それどころか、授業中に手も挙げない。目立つのはイヤ。

ただ、心の中では少し闘争心はありました。自分の得意分野に限ってのことですけど、たとえば、私、子どもの頃は短距離を走るのが速かったんです。だから、リレーの選手になりたいんです。なりたいんですけど、選ぶ時に自分からは手を挙げることはできないんです、引っ込み思案で。

そこで、まず思うのは「誰かに推薦してもらえないかな～」という他力本願。ただ、それがダメならいい

幼き日の紫雷イオ。引っ込み思案な子どもだった

タイムを出して勝ち取るか〜という、自分の得意な分野では負けたくないという闘争心はありました。

だけど、すべてにおいて勝ちたいわけではないという性格でした。結局は誰かの後ろに隠れているのが居心地がイイぞと思ってしまう末っ子気質なんですよね。

あとは、周囲を気にする子でもあったかもしれません。たとえば、幼稚園や小学校で将来の夢や、なりたい職業って聞かれるじゃないですか？　ペットショップの店員さんとか、パン屋さんとか、カリスマ美容師が流行っていた頃だったので美容師さんとか……周囲の答えに合わせて無難に済ますというか、本当に主張のない子どもでした。周囲に合わせて、なんとなくやり過ごせばいいか、みたいな。

器械体操との運命的な出会い

だけど、こんな引っ込み思案な小学生の私でも積極的になれたものがあります。

これがあったからこそ、今の紫雷イオがいるといっても過言ではないものに出会います。

運命の出会いです。

小学6年生の時に始めた『器械体操』です。

小学生時代は引っ込み思案だった私が唯一、自主的に始めたことです。まぁ、当時、好きだった男子がいて、その子が通っていた体操教室に入れば仲良くなれると思ったんです。だって、学校だと周りに同級生がいて、恥ずかしいから話せないじゃないですか？　それで、どうすれば彼と仲良くなれるのかなと思って、考えた答えが同じ体操教室に入ることでした。今になって思えば、浅はかなことこの上ない。だけど、それが今、役に立っていますからね……ある意味では運命の出会いだと思いますよ。引っ込み思案と下心に感謝です（笑）。

ただ、言い訳するつもりはないですけど、器械体操自体にも興味はあったんですよ。やっぱり、身体を動かすのは好きでしたから。たぶん、彼が通っていたのが学習塾や習字教室だったら、私は絶対に「面倒くさいからや～めた！」ってなっていたと思います。

それで、体操教室ですが、子ども心に、まず、トランポリンをやりたいって思ったんですよね。あとはバック転ができるようになりたいって。

はい、今もやっていることです。

なんか、バック転ができたらカッコイイなって、漠然とした子どもらしい欲ですよね。小学校でバック転を披露したらヒーローになれるんじゃないか？　そんなことを思ってたのと同時に、たぶん、心のどこかで「私はできる！」って思ってたんでしょうね。

それで練習をしていくうちに3ヶ月が過ぎた頃だったかな。コーチに呼ばれて「あなたは素質があるから、選手になってみない？」って誘われたんです。

もちろん、認められて嬉しいじゃないですか？　それに、この頃になると体操教室に入ろうと思ったキッカケの男の子のことはどうでもよくなっちゃって……。喜んで上の選手コースに行きました。

体操にすべてを捧げた青春

それで選手コースに進みましたが、毎日練習なんですよ。

それまでは週に1回、2時間程度の習い事という感じでしたが、選手コースは夕方の5時とか6時から夜の9時頃まで、毎日みっちり練習をするから、なかなかハードでした。

そのまま中学生になっても続けましたが、私が通っていた中学校は必ず部活に入らなくてはいけなかったんです。だけど、体操を続けたいから学校とかけあって、特別に部活に入らなくてもいいってことにしてもらいました。

だからこそ、体操も頑張らなくてはと思ったし、学校の授業が終わると、すぐに家に帰って体操の用意をして、教室に向かう日々でした。体操を頑張るのが普通という生活になって

平均台の演技に臨む。紫雷イオの基礎はこのときの体操でつくられた

いきましたね。それが中学3年の終わりまで続きました。

ただ、この選手コースは超キツかったですよ。だって、周囲は小学1、2年どころか幼稚園から始めている子ばかりでしたから。それが体操の当たり前であり、小学6年で始めた私は遅過ぎるスタートだったんです。

だから、最初は周囲についていくだけで精一杯で。それでも何とか練習についていって、私なりに生活のすべてを体操に捧げていました。

だけど、こんなに好きだった体操なのに、なぜか、大会になると本領を発揮できなくて。とにかく結果を出せない子だったんです、私。

練習ではバッチリできたことが、大会ではミスをしたり……。たぶん、性格なんですけど、持ち前のネガティブさとシャイなところが出てしまって、演技するのが恥ずかしいんですよ。だから、体操ではかなりの落ちこぼれでした、私は。だけど日々の練習が好きだから、体操教室は続けるという。その結果、大会には出たくないと思うようになって……そういうモチベーションの低さが表情に出ていたんでしょうね。だから、余計に結果が伴わなかったんだと思います。それでも練習は一生懸命やるという、今となってはコーチは、さぞかし私の扱いに困っていただろうな〜って思います。教え甲斐があるのかないのか分からないという（苦笑）存在でしたから。

それで中学2年の頃に気付いたんです、「私は体操の世界で一番にはなれない」って。それでも3年生まで続けましたが、そこまででした。

元々、その体操クラブに在籍できるのが中学生まででした。高校生になっても体操を続けたかったら、体操部がある高校に進学してね、という流れだったんです。私自身は迷わずに体操部のある高校には進まなかった。つまり、そこで体操選手としての生活にピリオドを打ったんです。

最初は好きな男の子に近付きたいという不純な動機だったけど、私が人生で初めて夢中になれたものだし、体操には感謝していますよ。

だって、バック転ができるようになったのはもちろんのこと、私、今、リングインすると180度開脚をすることがありますよね？　あのベターっと開脚ができるようになったのも、この体操教室のおかげですよ。

まぁ、この開脚もできるようになるまでが大変だった！　イスの上に片足ずつを乗せて、その上からコーチに押さえつけられるんです。相撲でいうところの股割りみたいな感じですよ。時々、テレビとかで相撲の新弟子さんが先輩力士に上から乗られて泣きながら練習するシーンがありますけど、まさにアレですよ。もちろん、最初は痛いですよ。涙を堪えようと思っても、出てきてしまうんですね、股割りの練習って。でも、それに耐えられたから、今の紫雷イオがあるんですよね。

楽しかった〝普通の〟学生生活

体操生活が終わると待っていたのは高校生活ですが、私、中学生時代を体操にすべてを捧げていて、勉強の方は……と、思わず苦笑いしたくなる感じでした。だからといって、スポーツ推薦で進学できそうにない。

体操から離れた自分を見つめ直して、「果たして自分の好きなものは何だろう？」って考

女子高生・紫雷イオ。リングに上がる前から、すでにかなり派手な状態に……

えた時に、モノを作るのが好きだったんですよ、私。図工や技術家庭の授業が好きだったし、体操よりも職業として成り立ちやすいじゃないですか、モノ作りって。

それで、都内のデザイン系の工業高校に進んだんです。それで卒業したら、工場に勤めたり、設計やデザイン関係の仕事に就ければいいなぁ～なんて、なんとなくそう思っていました。

興味があったから、デザインの授業とかは好きでしたよ。高校生活をエンジョイしていましたね、体操選手時代のストイックさから解き放たれたこともあったし。

私、この時に初めてアルバイトというものもしました。

姉の美央に紹介してもらった（高校生に

なってもお姉ちゃんに頼っているという……）ジーンズショップの販売員のバイトでしたけど、高校生としては珍しいパターンだと思いますよ。やっぱり、ファストフード、ファミレス、コンビニが主流じゃないですか、女子高生って。思えば、私、紫雷イオがプロレス以外のお仕事でお金をいただいたのは、このアルバイトが最初で最後でした。

恋愛には奥手だった草食系女子

ちなみに、高校ということで、時々、「どんな制服を着ていたんですか?」みたいな質問を受けますが、実は私服だったんですよ、全日制では珍しいんですけど。ジーンズショップでバイトを始めたのは、高校生になってオシャレに興味を持ち始めたことも大きかったかな。髪の毛を染めたり、ピアスを開けたりしたのも、この頃からでした。高校生になって見た目が派手になりだしましたね～。

あと、高校生ということで「恋愛は?」という編集さんからの質問があったので答えますが……。そうですね、高校生にもなれば恋愛はしますよ、周囲は。

だけど、私、全っ然、モテませんでした！　正直に書くとイメージ的によろしくないですが……本当にモテなかったですよ。まぁ、私が通っていた高校が女子の割合が8割だったということもあります、言い訳みたいですけど……。とはいえ、私のクラスは男女半々だったりして……う〜ん、高校生の頃の話とはいえ、恋愛話は得意じゃないです。

まぁ、クラスで付き合っている子たちはいましたよ。それを見ていても、強がりではなく、あんまり羨ましいとは思わなかったんですよ。同じクラスの男の子と付き合って、上手くいくの？　みたいな。同じクラス同士で付き合っているとケンカになることもあって、そういうのを見ていたら、「何してんの？」みたいな冷たい感じというか、どこか達観したような気分になって。クラス内の恋愛には冷めていましたね、私は。

それで、私自身はどうだったのかって？　まぁ、バイト先で知り合った年上の男の子と、お付き合いしましたよ。長続きしませんでしたけど……。それでも、よい思い出として残っています。

だけど、普通（?）の高校生でいられたのも、高校1年生の1、2学期まででした。

なぜなら、高校1年生の3学期に紫雷イオが誕生するからです。

第二章

プロレスラー紫雷イオ誕生

きっかけは姉のひと言

普通の高校生として学校生活を楽しんでいた私の運命を変えるターニングポイントが訪れました。たしか高校1年の2学期の終わり頃だったと思います。

姉の美央が家に帰ってきて、「なんか、私、プロレスの○△%#$～」、「だから、私、☆&□、行くわ」って。寛いでいたこともあって、ターニングポイントになったわりには、曖昧にしかそのシチュエーションを思い出せないのですが、美央がそんなことを言っていて。要約すると、知り合いに誘われてプロレス観戦してきた美央が、会場で選手から「練習を見にこない？」的な誘いを受けたと。

これもタイミングだなと思うんですけど……私自身、小学6年から中学の3年間続けていた器械体操から離れて半年が経っていて、「なんか、身体を動かしたいな～」って思っていた時期でした。もしも、1学期早々のゴールデンウィーク頃だったら、そう思っていなかったかもしれません。

あと、通っていた高校は部活が盛んではなかったんですよ。そもそも課題が多くて、毎日のように作品の提出に追われていたほどだから、余計に運動不足になっていたんです。だから、やる、やらないとか以前のことで、本当に軽い気持ちで「私も見に行きたい！」って。最初は「見学でもするか～」っていうノリでした。もっと言えば、「あわよくば運動ができればいいか～」って思っていましたね。

そもそも、私、その時点で（もっと正確にいえば、プロレスデビューした時点でも）プロレスのこと、何も知りませんでした。今となっては笑い話になっていますが、3カウントを奪うというルールすら知らなかったし、プロレスラーの名前すら知りませんでしたから……。本来はシャレにならないことだし、笑えない話ですよね……。

プロレスは習い事感覚だった

そして、年が明けて2007年1月。

そんな状態で足を運んだのが、その後、何度も試合をすることになる新木場1st RING（江東区にあるプロレスのリングが常設されている会場）。その時は、「適当に身体を動かせればいいか～」としか考えていない私がいて。それで、なんとなく練習に参加してしまったんですけど……その日の練習が、まずマット運動だったんですよ。

身体の大きな男子選手が一生懸命やっていたんですが、正直、あまり上手く見えませんでした。一方、私は辞めてから半年以上が経っていたとはいえ、マット運動は得意中の得意じゃないですか？　軽～く披露したら「オマエ、すごいじゃん！」って。それが初めての練習の日のこと。体操仕込みの動きを褒められて、次の練習に参加することが許されました。

練習自体はキツくなかったです。体力的には余裕……と書いていて気付いたのですが、たぶん、キツくしたら私たち姉妹が辞めちゃうと思っていたのかなって。それでマット運動系の練習では「スゴイね！」って褒められて……。やっぱり褒められたら悪い気はしないじゃないですか？　そこから練習に継続して参加するようになりました。まさに体操教室と同じ〝習い事感覚〟で……。

ただ、それが団体ではなかったんですね。『ＴＥＡＭ　ＭＡＫＥＨＥＮ』というプロモーションのようなグループで、道場とかもないし、定期的に大会があるわけではない。だけど、私にはプロレスの知識とか常識がないので、そういうものなのかな、と思ってしまった部分もあります。

そんな感じで週に1回、3時間程度の練習に参加していたある日のことです。

「オマエたち、来月、デビューだから」

リーダー格の選手に、そう言われました。２００７年2月のことです。

練習も数えるほどしか参加していないんですよ？　それ以前に私、デビューするつもりはなかったし（姉はどうだったかは分からないですが……）、「え？」みたいな。

ただ、大人になって考えてみると、デビューさせたいから練習をさせていたわけですよね。

そもそも、姉妹でやってきて、片方が器械体操経験者……今、考えたら、それって大きなセールスポイントだし、もしも、今、スターダムにそういう志願者がきたら間違いなく採用しますもん（笑）。

そのような流れがあって練習期間2ヶ月、といっても、週に1回3時間程度だから、1ヶ月で12時間、2ヶ月で24時間……単純計算でたった1日の練習量でデビューすることになったんです。

もしも、今、スターダムで、その練習量でデビューしようとしたら？　そりゃあ全力で阻止しますよ。これは、あとで書こうと思いますけど、ケガ云々だけでの話ではないんです。

リングネームの由来は？

デビューを控えて、いよいよプロレスラー・紫雷イオの誕生となるわけですが、『紫雷イオ』という名前は、もちろん、リングネームです。

時々、「なんで〝イオ〟っていうリングネームなの？」と聞かれます。

そういえば、リングネームについて話したことって、あまりないかも……。といっても、大した理由というか面白いエピソードがあるわけではないんです。

まず、デビューにあたってプロモーション側からマスコミにリリースを流すので「本名にするか、リングネームにするか決めて」と言われて。当時、本名は家庭の事情的にマズイとなって、じゃあ、リングネームで……ってなったんですね。

だけど、どうしたらいいのか分からないじゃないですか？

だから、母親に考えてもらったんですよ。

本名は使えないけど、姉妹だから苗字は揃えないとねっていうところがスタートで、母が考えたいくつかの候補の中から選んだのが『紫雷』でした。そして、姉には美央、妹の私は、なぜかカタカナのイオとなったのですが、これは姓名判断で付けました。

……実はイオも、もともとは漢字表記だったんですよ。だけど、それが、けっこう難しいというか、覚えにくい漢字を使っていて。だからといって、ひらがなは力強くないし、だったらカタカナでいいか、みたいな。

今となっては大切なリングネームですが、決まったのはそういう経緯で。何かドラマチックな展開があるというわけでもなく、プレスリリースのために急いで、言ってしまえば、ある意味では適当に決めたものです。

だけど、カタカナのイオでよかったなとも思いますよ。覚えやすいですし、小さな子どもでも読めるじゃないですか？　最初は10年も背負うとは思ってもみなかった『紫雷イオ』だけど、今となっては大切なリングネームです。

そうそう、リングネームのことで、よく聞かれるのが「ドラクエ好きなの？」って。なんか、イオっていう雷の魔法があるみたいで……すみません、私、ドラクエをやったことがないので、無関係ですよ！

デビュー戦は苦い思い出

2007年3月4日。プロレスラー紫雷イオが誕生した日です。

場所は練習をしていた新木場1st RING。姉の美央、植松寿絵選手と組んで、浦えりか選手、浦井百合選手、竹迫望美選手と対戦しました。ちなみに、現在、私以外は全員引退していて、時代を感じさせる対戦カードだと思います。

このデビュー戦が、いろいろなところで言ってますけど、まぁ、ヒドイものでした。

私に財力と権力があったら、残っている映像を全部、闇に葬りたいと思うほどのシロモノで。「苦笑」という言葉をいくつ使っても足りないほどで……。いや、「失笑」って言葉を使ったほうが正確かもしれない……となってしまうほどの内容だったんですね。

まず当日ですが、もちろん緊張はしていました。

だけど、それ以上にわけが分からないというのが本音で。会場入りしてから、試合前の控室、試合中、そして、試合後に自分のするべきことが何なのか？　どのように振る舞うべきなのか？　そのすべてにおいて正解が分からないんです。

たとえば、試合では入場曲が流れて、自分のタイミングで入場して、花道を歩いて、ロープをまたいでリングインして、アピールするかしないのか？　その一連の流れですら、私にとって意味が分からなかった。

それ以前に、プロレスラーとして試合がある1日の過ごし方も理解していなかったんですよね。朝、起きて、ご飯を食べて、シャワーを浴びる。自分のコスチュームを荷物にまとめて、決められた時間に会場入りをする。リングの設営やウォーミングアップをする。タッグマッチだったらパートナーに挨拶をする……ということすら知らないし、その意味が分かっていなくて、会場にきたのはいいものの、何をしていいか分からないからオロオロしているだけでした。

ただ、言い訳に聞こえるかもしれないけど、当時、私が所属していたプロモーションには、そういう当たり前のことを教えてくれる人がいなかったんですよ。ましてや、男子と女子では、やり方というか、流儀も違います。

普通は団体の練習生だったら、先輩に教えてもらったり、先輩の様子を見て雑用や会場での振る舞い、試合での所作とかを学ぶものだと、後になって知るんですね。本当は経験しなくてはならない辛い作業や雑用をこなしていないから、すべての意味が分からないし。でも、それを端折れたことで甘かった自分でも残れたのかなと思うし……。結局、これでデビューしてしまったことが、後々、響くとは思っていませんでした。

このように何も知らなかった私ですから、デビュー戦では今では代名詞になっているムーンサルトプレスは出したものの……。

デビュー２年目のスタジオ写真。弾ける笑顔とは裏腹に、当初は苦難の連続だった（撮影：柳原裕介）

そもそも、いろいろなところで何度も言っていることですが、私、プロレスの基本的なルールを知りませんでしたから。フォールを取るとか、それ以前の話ですよね。

分かったのは「あ、私、お客さんに笑われているな」みたいな。

失笑されているのが、よく分かりました。そして、恥をかいたと思いました。

でも、それは当然ですよ。そもそも、試合の序盤で重要になってくる腕の取り合いも教えてもらっていないし、覚えたのは前受け身、後ろ受け身、前回り受け身の3つだけ。それができたから「ま、いいだろ」みたいにデビューのゴーサインが出てしまったのですから。

それもこれも、全部、私がプロレスを知らなかったの一言に尽きる。だって、二十数時間の練習だけでプロのリングに上がったらどうなるか？　プロレスを少しでも知っていたら、それがどういうことなのか分かるわけで。さっき「もしも、今、スターダムの練習生が自分と同じ環境でデビューが決まったら全力で阻止する」と書いたのは、体力的なこと、ケガの心配はもちろんですけど、その子が恥をかくことが目に見えているからです。そして、プロレスに対して失礼過ぎますよ。キャリア10年になった今だからこそ、言えることですが……。

ネガティブだから続けられた

今でも思い出すのは試合を終えて家に帰ってからのこと。

なんか、取り返しのつかないことをしちゃったな〜と思いながら、シャワーに入った時に……恥ずかしいとか、いろいろな気持ちがこみ上げてきたし、やってしまったことへの「どうしよう?」という想いが押し寄せてきて。そして、仕事でデビュー戦は観戦できなかったけど心配していた母に見られたくなかったから、お風呂でガンガンとシャワーを浴びて泣きましたね。シャワーの音が泣き声をかき消してくれてよかった……。

この話をすると、よく、「なんで辞めなかったの?」って言われます。

まぁ、普通だったら辞めてますよね、自分がしでかしたことを振り返ったら。

デビュー戦を終えて、美央はどう思っていたか分からないですけど、私はここで辞めたら「なんか紫雷なんとかとかいう姉妹でデビューしたのがいたよな? すぐ辞めちゃったけど」みたいに言われると思って。子どもながらに、それだけはカッコ悪いぞって思って。あとは……私の持って生まれたネガティブさが、ある意味で役立ったのかもしれません。

今の紫雷イオはリング上では、「逸女」とか「エース」だとか威勢のいいことを言ってますけど、実は子どもの頃から超ネガティブで。根もメチャクチャ暗いんですよ。それで物事を悪い方向、悪い方向へと考えるクセがありまして。今でも、自分のいい部分を褒めるよりも、粗探しをして落ち込む方が圧倒的に多いんです。

デビュー戦の時は、逃げれば、その時点でプロレス界のことを遮断できるのは分かっていました。だけど、そのプロレス界で悪く言われることが恐かったというか……。こんなデビュー戦をしてしまったから、その先に栄光があるとは思えない。だけど、これで逃げたら悪いことが起きるから逃げるのだけはやめようって。だったら、残ろう、みたいな。

つまり、「見返してやろう！」というポジティブなものではなく、「悪口を言われるのがイヤ」という後ろ向きな理由でプロレスを続けてきたわけです。その結果、10周年を迎えて、改めて辞めなくてよかったと思います。私、ひとつだけ胸をはれることがあって。一度も逃げていないですよ、プロレス界に入ってから。だから、原動力はネガティブだっていい！

……ですよね？

デビュー戦を振り返ると、恥をかいたからこそ、今でもプロレスが続けられてきたんだって思います。そして、辞めなかった理由は、幸か不幸か、2戦目以降もオファーがあって、それを必死にこなしていっただけなんですよね……。しかし、2戦目以降も当然のことながら順風満帆なわけではなく、むしろ、私は自分の悪評を高めていくことになります。

常識を教えてくれる大人がいなかった

超最悪のデビュー戦を終えてからも、おかげさまで試合のオファーはありました。

基本的には姉の美央との紫雷姉妹でのセットでした。

やはり、〝姉妹〟というのは、使う側にとってはセールスポイントになりやすいんでしょ

相手を絞りあげる女子高生レスラー・紫雷イオ。なんだかんだで試合はあった（撮影：柳原裕介）

うね……、当時の私たちは理解していませんでしたが。

試合数は多い方だったと思います。なんだかんだで毎週末には試合があって。

本当にありがたいことですけど……今となっては申し訳ないけど、当時としては「割のいいバイトだな」くらいにしか思っていなかったかも……。

もっと言ってしまえば、「自分の好きな〝身体を動かすこと〟でお金をもらえてラッキー！」みたいな。本当に、そんな感じでリングに上がってましたよ、16歳の私は。そして、相変わらず、プロレスを知らないから、多くの人に迷惑をかけたし……「なんなの、アイツら？」的な目で見られていました。

そうなった原因は、まず、私たちが会場入りから控室、試合、試合後に至るまで、何ひとつ、プロレスラーとしてのしきたりを知らなかったことに尽きます。

ただ、当時の自分たちを庇うつもりはないけど、そういうプロレスのしきたりを誰も教えてくれなかったんです。さきほども書きましたけど、私たち姉妹が女子の団体ではなく、男子の団体ともいえないプロモーション的な集まり、しかも、一流とは程遠い超マイナーなところの所属だったこともあって、基本を教えられる人がいなかったんです。その結果、周りの選手やスタッフに迷惑をかけるという悪循環の連続でした。

たとえば、控室でのポジションとか、そこでの挨拶の仕方……基本中の基本がなっていないんです。いきなりＮＧ！　そして、試合をさせたらプロレスのプの字も知らないような試合をする。そんな存在ですからね……目をつけられて当然ですよ。それでいて目をつけられたからといって何かをするわけでもなく……。

そうなると、こんな得体の知れない女たちに触れたくないわけですよ。若いし、チャラチャラしてるし、すぐに辞めるだろうって思われていましたよね、私たちは。だから、何も言われなかったんだと思う。すぐにいなくなるだろうから言っても無駄じゃないですか？

もちろん、中にはコッソリと「こういうことをしちゃダメだよ」って教えてくださる先輩もいましたよ。当時は女子だけの団体にも、男女混合のインディー団体からフリーで参加し

ドロップキックが炸裂。新人の頃から飛び技の美しさには定評があった（撮影：柳原裕介）

ている選手も多かったんです。立場的には私たち姉妹と同じ扱いの先輩なので、私たちを気にかけて注意してくれたんだと思います。

でも、若気の至りというか、私がガキだったというか、素直に受け入れられない時期ってあるじゃないですか？　ましてや高校生ですからね。

正解が分からないから心のどこかで、「なんで、この人に怒られなきゃいけないの？」という気持ちが出てしまうし……。そう思うのはまだマシなほうで（いや、全然マシではないんですけどね）、「私たちは呼ばれたからきたんですけど何か？」みたいな態度を取ってしまったこともあります。さらには「私たち、デビューしたくてしたわけじゃないし、やりたくてプロレスをやっているわけじゃないし！」って、被害者意識を丸出しにしたこともあります。

結局、そうやって自分たちを正当化しないとやっていけなかったんですよね。強がるしかなかったけど、その強がり方が間違っていたっていう……、今となっては最低だと理解しています。

だから、最悪の悪循環になったわけで。プロレス界の常識以前に、16歳とはいえ、世の中の当たり前、常識を知らなかった私が全部いけなかったです。今、思えば無礼だったと充分、分かりますし、そりゃ、怒られるよな〜って。

この経験で私自身が思ったのは、やっぱり厳しく叱ってくれる先輩の重要性！　たとえばダメなことをやってしまった後の恥ずかしさと悔しさも、「ここはこうだからダメなんだよ」と指摘されれば、よい方向に向かうこともありますよね？　放っておいたら、そのままで腐っていくだけですから。だから、もしも、みなさんの職場で、こんな後輩がいたら（まぁ、なかなかいないとは思いますが）、厳しく注意してもいいんじゃないですかね？

そりゃあ、その時はギクシャクするかもしれないですよ。だけど、先々のことを考えたら、〝今だけ〟よりも大切だと思うし。そして、注意される方も、その時は「なんだよ！」って反発しても、いずれ分かる時がくるから、その瞬間は受け入れられなくても忘れなければいいんじゃないかな？　10年前の自分を振り返って、そう思います。

私にとっての紫雷美央という存在

こんなデビュー当時でしたが、デビューして、しばらくの間、ずっと横にいてくれたのが姉の紫雷美央です。もう引退しているし、いろいろ書くと「おい！」って怒られそうですが（笑）。だから、少しだけ姉……いや、普段通りに言えば、お姉ちゃんのことを書きます。

2009年には姉・紫雷美央とのタッグでベルトも獲得。頼りになる存在だった（撮影：大川昇）

まず、お姉ちゃんがいなかったら私、紫雷イオというプロレスラーはいなかったわけです。その点は絶対的なことであり、紫雷イオにとっては最初の重要人物ですよね。

プロレスラーになっても、お姉ちゃんはお姉ちゃんだったたって思うことはたくさんありましたよ。

たとえば、これまでに書いたように、デビュー当時の紫雷姉妹という存在は、各所で目をつけられていたわけです。そして、陰でいろいろ言われていて……控室で居場所がなくて、私、そういう時も子どもの頃みたいにお姉ちゃんの背中に隠れていたな〜って。

それで、時々、理不尽なことで怒られることもあって。私がブツブツ文句を言うと、諭してくれたり、時には「そうだよね……」って同調して一緒に愚痴ってくれたり。

その反面、私が妹だから、お姉ちゃんだけ呼ばれて怒られることもあって……私を守るために矢面に立ってくれることも多かった。

イヤな思いをしながらもリングに上がってこられたのは、間違いなく〝紫雷姉妹〟だったからだと言い切れる。何度も「もう辞めようか?」って話をしたけど、あそこで辞めなくてよかったし、それは紫雷美央のおかげです。

あと……辞めなかったというよりも辞められなかった理由もあります。

これは、すごく生々しい話ですし、ビジネスとして当然の話ではありますが、契約書の存在ですね。

私たち姉妹もデビューにあたって契約書を交わしたんですけど……正直、中身をちゃんと読んでいなかった部分もあって。軽い気持ちで捺印してしまったのも事実です。

契約は自分を守ってくれる反面、それがあることで拘束されてしまう場合もあります。このときの契約書は後者で、だから、試合に出ざるを得ない、という状況もありました。それで揉めたこともあるけど、契約書がある手前……となるわけです。

もちろん、スターダムに所属してからも契約書はあるし、それはどんな社会でも契約書が必要になるのは同じです。たとえばスマホの契約だって、立派な契約であり、契約書がありますよね？

それで10年前の紫雷イオ、そして、今、若いみなさんに言いたいのは、一方的に出された契約書は自分に不利になるものが多いということ。だから、ジックリと読むか、未成年だったら親と一緒に読むこと。そして、安易に捺印しないこと。今になって思ったことなので、書いてみました。

プロレスラーとしての自覚

プロレスラー生活10年の間に、私にとってターニングポイントになった出来事がたくさんありました。

まず、デビュー3年目の２００９年に入った頃のことです。当時の私は18歳の高校3年生です。つまり、普通の高校生であれば進路が決まって、春には旅立つというシチュエーションです。

私は……デビュー戦を終えて高校2年、3年と進級していましたが、まぁ、プロレスに対する気持ちは相変わらずでした。

正解が見つからないから、もがくことも多々あって。でも、今、思い返してみると、それは、気持ちのどこかに「自分は高校生だから」と逃げ道を作っていたんですよね。3年生になったら「大学に進学するから」、「他の就職先が決まったから」とか言えばいいか、みたいな。それはプロレスを辞める理由を探していたことにもなります。だけど、いざ、「じゃあ、高校を卒業してどうすんの？」って聞かれた時に、大学進学も就職もシックリこない自分がいるんです。そして、その相対する側にはプロレスがあって。

その頃にはプロレスのことが分からないなりにも、「そんなに甘いもんじゃない」ということは分かってきた頃でもあったんです。

たとえば、私、高校2年生までは皆勤賞だったんですよ。当時はどんな試合をしても次の日には満員電車に揺られて通学して、授業を受けて、課題を提出して帰宅して、それで週末は試合。そして、月曜日には満員電車に揺られて……ということができました。

でも、3年生になると、それができなくなったんですよ。体力的に辛いというか、遅刻したり、休んでしまったり。そもそも、私、両立というか、あれもこれも手を出して同時進行

2009年の紫雷姉妹。男子レスラーと戦ったこともあった（撮影：大川昇）

できないんです。「どれかひとつ」にしか決められないというか。たとえば体操に夢中だった時は学校の授業が……みたいな。不器用といえばそうなんだけど、どれかひとつしかできない性格であり、自分の中で勝手に取捨選択をしてしまうんですね。私の悪い癖ではありますが、でも、やると決めたら、トコトン突き詰めようとなるのも私の性格で。だから、大学に進学してプロレスとの両立は無理だろうと思って。

あとは、高校3年生になると、学校の多くの人に私がプロレスをやっているということが知られるようになって。ありがたいことに、とても応援してくれるクラスメートもいて、心のどこかで「プロレスも悪くないな」と思い始めて。あとは、キャリア2年としては、プロレスのオファーもまぁまぁあって、それなりに試合数もこなしてきて、プロレスが分からないなりにも少しの自信はあって。そこでなんとなく、「仕事として成り立つんじゃない？」と思い始めたことが、まずひとつめのキッカケ。

それと、その頃になると、多少は先輩女子プロレスラーからアドバイスをいただけるようにもなって、「もっとプロレスに集中したら、もっとよくなるよ」と言われることもありました。つまり、専業でプロレスをやりなさいよ、ということです。

その声もあって、その気になってきて……安易といえば安易かもしれないけど、「よし、卒業したらプロレスラーとしてやっていこう！」、そして「やるからには逃げない」と決めました。もしかしたら、その瞬間にプロレスラー・紫雷イオが誕生したのかもしれません。必死になれたのは、やっぱり、高校生っていう立場がなくなること、イコール逃げ場所がなくなるということが大きかったですね。

華名選手に学んだフリーランスの生き方

さて、高校を卒業して専業女子プロレスラーになった私、紫雷イオですが、さらにターニングポイントが続きます。

卒業後、しばらくはプロモーション所属選手として、そこのマネージャーが試合出場などの交渉をしていました。これはこれでラクです。

しかし、このプロモーションの中心だった選手が不祥事を起こして、自主興行とかが中止になり、結局、活動自体が休止になってしまったんですね。２００９年夏のことでした。

その時は美央とけっこう話したんじゃないかな。「これからどうする？」って。

プロレスラーを続けたかったし、だからといって、どこかの団体に所属できるわけでもないし……という議論の末、フリーランスで活動していくことになりました。

この時期も頼りになったのは……いや、頼りにしてしまったのは美央ですね。

フリーランスとしてオファーを受けて、ファイトマネーの交渉ですとか、その他諸々の面倒くさいことは、全部、美央が担当して。今、思えば、結局は紫雷姉妹の妹というポジションに甘んじていたのかなぁって。でも、姉のおかげで、この２００９年にフリーになった当初のオファーは多くて、いろいろな団体に出場しているんですよね。かなりの試合数をこなして、経験値を積めました。

そんな感じで、けっこう順調にフリー生活を謳歌していた紫雷姉妹に、さらなる展開が待っていたのが２０１０年3月です。

キャリアにして4年目の頃に、華名（現：ＡＳＵＫＡ＝ＷＷＥ所属）選手と姉と三人で

〝トリプルテイルズ〟というユニットを組むことになりました。

このユニットは私としてはラクをさせてもらったという印象が強いですね……。と、いうのも、ほぼ全部、華名選手が進めてくれて、私はそこに乗っかるだけという、末っ子ポジションでしたからね。試合に集中すればいいだけなので、ラクだったんです。

あとは、トリプルテイルズではフリーとしての立ち位置を学べたかな？　華名さんを見て交渉の仕方、興行を主宰する時の選手へのオファーの出し方、グッズ制作の手順……。そして心得や振る舞いなど、その後、フリーとして生きていく術を学べたのは大きいです。

私は後にこのトリプルテイルズを途中脱退するんですけど、それから華名さんとはほぼ接点がなく……。でも、この先、どこかで会えるのかな？

ルチャリブレとの出会い

この頃になると、プロレスラーの欲というか、「ああしたい！」「こうしたい！」というものが出てくるわけです。

それだけ、プロレスに興味を持った証だし、やっぱり、プロレスを〝職業〟として捉えてみると、もっと上にいきたくなったんですよね。その中で、私の場合、漠然としたものですが、「海外で試合したいなぁ〜」って思い始めて。

だからといって、海外のプロレスについて詳しいかといえば、そうでもなく。そんな中、私が飛び技をよく使っているので、周囲の選手やファンの方から「〝ルチャリブレ〟を学べば？」という声を聞くようになりました。

最初は〝ルチャリブレ〟って、何？　そう思いましたが、調べてみたら、メキシコのプロレスのことで、飛び技が多い。マスクをかぶったプロレスラーが多い。そんな情報だけを得て、なんとなく興味を持ったというか、頭の片隅に離れない言葉として存在するようになったんですね。同時期にアメリカのプロレス団体であり、世界最高峰の団体といわれているWWEにも興味を持ったんです。

その理由はレイ・ミステリオ（現レイ・ミステリオ・ジュニア）という覆面レスラーがいたからです。レイ・ミステリオは身長160センチ前後の小柄な選手なのですが、ピョンピョン飛び跳ねて2メートル級の大きな選手をなぎ倒していくんです。

そのファイトスタイルにカルチャーショックというか、「なに、これ！」って今までにない衝撃を受けました。それで、調べてみたら、「レイ・ミステリオもメキシコ出身なんだ！マスクもかぶってるよ！　あ、これがルチャリブレなんだ！」となって、メキシコへ行きたくなるわけです。

そんなことをいろいろなところで口にしていたからでしょうか。「メキシコで試合ができるルートがあるよ」という関係者が現れて。若い私は何の疑いもせずに、その話に食いついたわけです。

しかも、メキシコで人気のAAA（トリプレア）という大手団体の試合に出られるって話じゃないですか！　もぉ〜、頭の中はメキシコ一色ですよ。それで、修行だと思って自費でメキシコに渡りました、嫌がる姉とともに。これが後々、いろいろな尾を引く一因となるのですが……。

憧れのメキシコ、その実態は…？

まず、メキシコに着いて驚きましたね。

話が全然、通じていないんですよ！

コーディネートしてくれた人が「大丈夫！」というから、そのAAAの事務所に行ったら、「オマエら誰？」みたいな。話が通っていないどころか、私たちがプロレスラーであることすら認識されていない状況でした。

若さゆえの過ちだったと今は笑えますけど、当時は、私もネガティブが爆発して、「あ、

世界遺産「テオティワカン」にて。初めてのメキシコでは過酷な体験が待っていた

こりゃ死ぬなぁ〜」みたいな。いや、本当に生きていける気がしなかったですよ、異国の地で放り出された感じでしたから。

なんとか、ホテルにチェックインしたけど、いわゆるモーテル、言ってしまえばラブホテルですね。そこに美央と二人きりです。しかも、当時は「スリが多いから」という理由で外出もままならず。少しでも日が落ちた時間になると一歩も外に出たくないな〜、という環境でした。

そんな極限状態で姉は「オマエのせいだ！」って言ってくるし（事実、そうではありますが……）、それで大ゲンカですよ。

だけど、ここで揉めてもよい方に転がらないのは分かっている。それで、少し冷静になってみると、「だったら帰国すれば……」となりますが、私の甘い考えというか、コーディネーターの言葉を鵜呑みにしていたので、試合がバンバン組まれると思って、帰りの飛行機のチケットが3ヶ月先のものだったんです。

所持金は限りがあるし、現地の銀行の使い方も分からない。だから、1日1個のパンを美央と分け合って……という生活が1週間続いて。言葉だって、「こんにちは」、「ありがとう」、「さようなら」の3つしか分からないとなれば、あとは絶望あるのみですよね。

それでも、なんとか日本と連絡がつき、現地にいた日本人の方の手助けもあって、グラン・アパッチェさんという親日家のプロレスラーのジムで練習できるようになりました。

メキシコの経験が意識を変えた

いちジム生として、お金を払ってルチャリブレを勉強することができたのは、大きかったです。このグラン・アパッチェさんには後に私の必殺技のひとつであるマヒカ・デ・イオを伝授していただいたり、私としてはエポックメイキングになった出来事でした。

ただ、このジムへ行くのも怖かったですよ、治安的に。なにしろ、危険と言われている地下鉄に乗らなくてはならないんです。

フィニッシュムーブのひとつ「マヒカ・デ・イオ」は、メキシコ修業で得た技（撮影：柳原裕介）

そこで美央と相談して、ジムへ行く時は持っていた服装の中から、一番汚いTシャツと短パンを着て、もちろん、スッピンでできる限り汚い恰好で通うことにしました。帰りは練習で汗だくのまま地下鉄に乗って……。だから、なんとか襲われたり、そういう危険な目に遭わずに済みましたけどね。

メキシコでジムに通うようになると、アパッチェさんの力添えもあって、トライアウトを受けて、現地の試合に出させてもらえるようになりました。

この時、初めてマスクをかぶって試合をしたのですが、幸運にもその試合がたまたまテレビ中継されて。そこから試合が入るようになり、なんとか生き延びることができました。それで自信もついたのでしょう。到着当初は苦労や恐怖心もあったけど「またメキシコにきたいな……」と思うようになり、実際、その後、何度もメキシコに渡っているわけですが……。

このように私の初めての海外経験は、普通の女の子が普通に日本で生活していたら経験できないようなものだったから、精神的に強くなれたかな。しなくてもよい苦労、しかも、自分が招いた苦労だけど、今、思うとしておいてよかった。うまい話に乗ったら酷い目に遭った、という意味では人生勉強をさせてもらったなと。

だからといって、たとえば、今のスターダムの若いコが何のツテもなく「行きたい！」という気持ちだけでメキシコへ行こうとしたら、絶対に勧めないですよ、私は。団体同士のお膳立てがあれば別ですけど、私は何とか生き残った、偶然にも銃を突き付けられなかっただけの話ですから。奇跡ですよ、あの国で若い女の子二人で何も起きなかったのは。

まぁ、その後もメキシコに渡っている私だからこそ、言えることですけどね。度胸があるということと無謀は似ているようで、全然、違うものですから。それも現地で学んだことかな（追伸。この本を制作している2017年5月7日にグラン・アパッチェさんが癌で亡くなられました。謹んでご冥福をお祈りいたします）。

この3ヶ月のメキシコ遠征から帰国して、トリプルテイルズを再開することになります。

やはり、華名さんに乗っかっていればラクといえばラクだし、試合のオファーも入ってくる。いろいろな経験はできたのですが……しばらくすると、また海外へ行きたいな〜って思うようになりました。

だけど、現地でイヤな目に遭った美央のことを一緒に連れていくわけにはいかないし。だったら、一人で行くしかないのかな〜って。思えば、この気持ちがターニングポイントになりましたね。

たとえ姉妹でも、姉の人生は姉のもので、私の人生は私のもの。自分の人生は自分の人生として考えなくてはいけない、ということです。ずっと姉たちの後ろに隠れていたけど、自分で旅立たなくてはいけない……そうして出した答えが、トリプルテイルズ脱退でした。

2011年7月23日、紫雷イオ、トリプルテイルズ脱退発表。
2011年9月18日、紫雷イオ、トリプルテイルズ脱退。

この脱退の発表から、私は一人のフリーランスのプロレスラーとして活動していくことになりました。もちろん、不安も大きかったのですが、狙う団体のひとつに、現在、私が所属している『スターダム』もありました。

【特別対談1】

「紫雷イオ×大川昇

（カメラマン、マスクショップ「デポマート」店主）」

紫雷イオの10年間のレスラー生活の中で欠かせない人物は何人もいるが、本人が「最も影響を受けた」と語るのがカメラマンであり、これまでに5年間で紫雷イオの写真集『フォトリブレ』を9冊手掛けてきた大川昇氏だ。イオの入場時のマスクのプロデューサーという顔も持つ大川氏は、この10年、どのような想いで彼女と接してきたのだろうか。それを聞くべく大川氏が経営するマスクショップ『デポマート』で対談が実現した。

紫雷イオは最初から目立っていた

イオ 大川さんに『FOTO LIBRE』（フォトリブレ＝大川氏が撮影しプロデュースしている写真集）シリーズを撮影していただくようになってから約5年になりますが……大川さん、私のデビュー当時のことを知っていますか？

大川 面識はなかったけど、姉妹で珍しい形でデビューしたでしょ？ 目立ってはいたから名前は入ってきていたよね。

イオ 本当ですか？（笑）

大川 うん、目立ってはいたよ。だけど「紫雷姉妹、もったいないんですよ」という声が多かったのかな。それは、最初が女子プロレス団体でのデビューじゃなかったじゃん？ もっと女子プロレスの枠の中でドップリ浸かって揉まれた方がいいよねって声が多かったって記憶しているんだよね。だから、引っ掛かってはいた。

イオ なるほど（笑）。そうなると最初の接点は……。

大川 うちの店が後援していた大会に何回か出てるっけ？

イオ マスクド・スーパースターさんの『流星仮面フェ

激レアプロレスグッズが所狭しと並ぶ「デポマート」。大川氏は紫雷イオを最もよく知る人物だ

スタ』（2009年7月4日）に出場しています。たぶん、そこが最初の接点だと思うんですけど……。

大川　話はしていないよね？

イオ　そうですね、打ち上げも出たんですけど……。

大川　実は後になって写真を見返して、「あ、イオも出てたんだ！」みたいな（笑）。

イオ　私としては、その打ち上げのことは風景として覚えていて、プロレス業界の遠い存在の人、って感じでした。

大川　だから、その時の印象ってのは、まったく何もないよね？

イオ　そうですね……。

大川　だって、期待値も低いし……。

イオ　厳しいわ～（笑）。

大川　あ、思い出した。俺がメキシコに取材に行っていた時に姉妹でメキシコにきていたことがあって。AAAという団体の地方の会場で会ったんだよね。事情とか聞いて「大丈夫なの？　可愛そうに」というのが第一印象かも。それが7年位前？

イオ　そうかもしれません。

大川　たしか、ホテルも取れなくて現地の日本人の家に居候しているって聞いて、関係者を紹介して、「この姉妹の面倒を見てあげて」みたいな話はしたけど、それで終わりだったんだよな。ただ、その後、メキシコでテレビマッチに出ているのを見たので、仕事はあるんだな～、みたいな。

イオ　大川さんが「面倒を見てあげて」って言ってくださらなかったら、生きていなかったかもしれないです（笑）。

一枚のポートレートに感じた可能性

大川　かと言って、日本に戻ってきて深くつながったかといえば、そうでもない。

イオ　接点ができるまで長いですよ（笑）。

大川　結局、一番最初の接点らしい接点は、うちの店が女子プロレスのサイトに関わったことがあって、その時に初めて姉妹として撮影したことかな。それでちゃんとした面識ができて。イオの10周年を記念して作った『フォトリブレ』の最新号の扉に使った写真が、何かの用事でうちの店にきた時に撮ったけど……これが初めて一人で、この事務所にきたんだよね。で、モサイんだけど、もしかしたら可愛くなるんじゃないかという片鱗を見せた頃で……。

イオ　やはり厳しいですよ（笑）。（改めて写真を見て）でも、たしかにそうですね（笑）。まだ18、19歳の頃ですよ。

大川　それで、「もったいないんじゃないの？」ということを言ったんだよね？　コスチュームとかリング上での振る舞いとか……。

イオ　当時はヤンチャなキャラクターでしたからねぇ（苦笑）。リング上で舌を出したり……。

大川　若い頃はいいけど、そのままキャリアを重ねたらキツイよっていう感じのアドバイスというか、説教というか（笑）。

イオ　だから、私の第一印象というか、大川さんとのスタートって、その時なんですよね。カルチャーショックというか、ショックそのもので。

大川　だって、その時のイオを全部、否定したようなものだからね。

イオ　本当に熱が出ましたよ、その夜に（笑）。かなり衝撃だったのは、若いうちにチャラチャラとプロレス業界に入ってきて、チャラチャラやってる奴に対して、一生懸命話を聞いてくださる大人がいたことです。だって、いつ業界から消えるかもしれない人間を注意したりしませんよね？　普通は放っておきますよ。事実、それまでにそうい

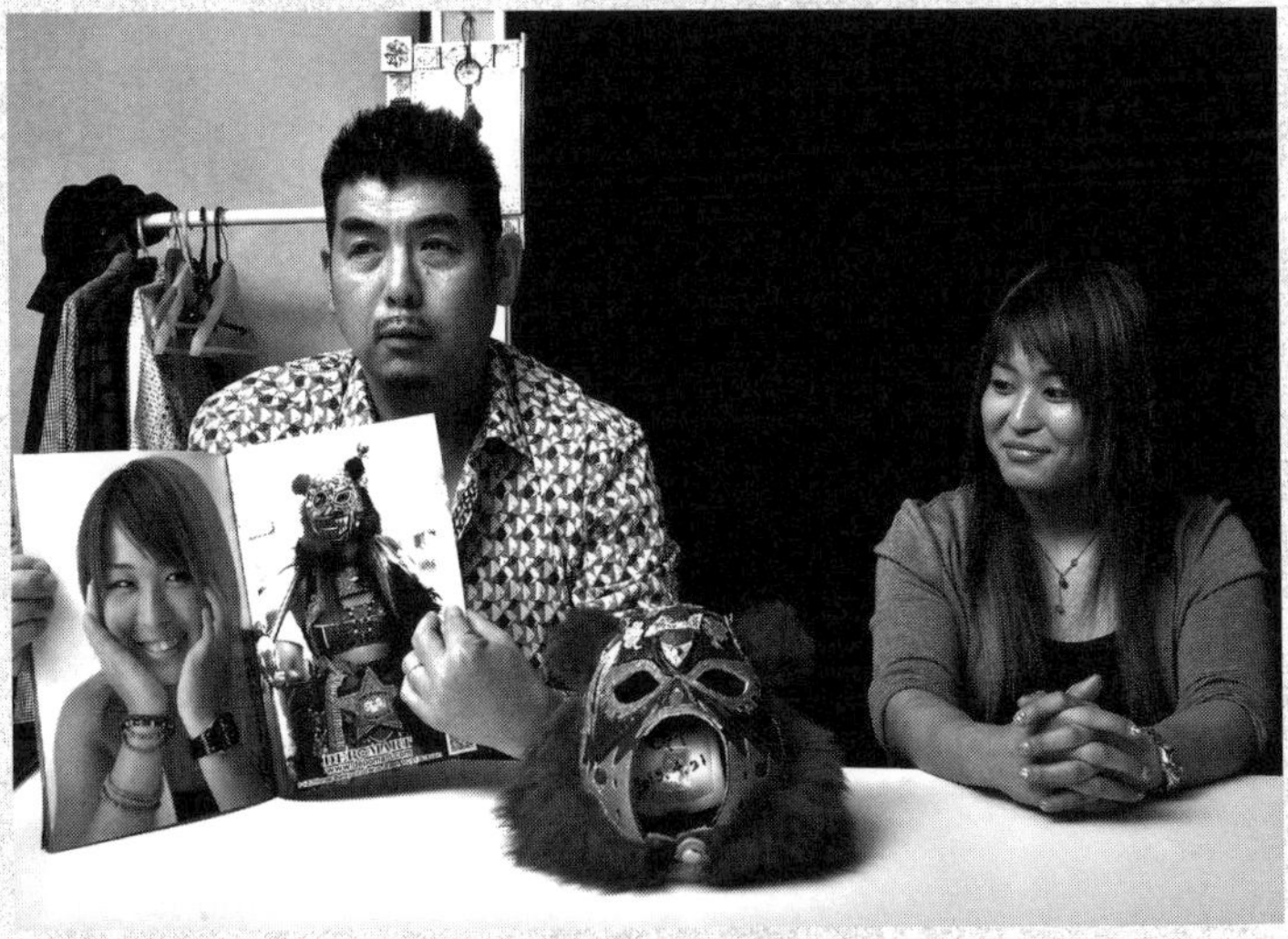

左のポートレート写真がイオに可能性を感じたという１枚。初々しい笑顔に注目

う扱いを受けたこともありました。私だって、今、当時の私が目の前にいたら触れませんよ（笑）。だって、いつ消えるかわからないから。だけど、大川さんが初めて、「ここはよくないよ」ってマイナスなことを言ってくださったんですよ。

大川　たぶんね、そこがイオと今まで続いてきたことなんだけど、言われたくない女のコのほうが圧倒的に多いじゃない？　自分のいいところだけ言ってほしい、みたいな。まぁ、当然だよね？　たしか、その時にイオには「好きなことだけをやってるんだったらアマチュアなんじゃないの？」的なことを言ったんだよね。その時のイオというか、姉妹でチンピラっぽいキャラだったじゃない？　でも、紫雷イオというレスラーは人気が出る何かを持っていると感じて。直感みたいなものだけどね。だから、「もう少しお客様が何を求めているか考えなさい」って言ったよね？

イオ　そうですね、覚えています。だけど、正直、私自身も子供でしたからねぇ……この人、恐いって思いました（笑）。それは自分がやってきたこととは真逆なことでしたから。否定されたように思えたんですね。でも、子供なりに説得力があるって分かったんですよ。

大川　で、熱を出したと（笑）。

イオ　（笑）だけど、そこから続いていますから。たぶん、あの日がなかったら、紫雷イオはチンピラレスラーのままチャラチャラしているだけで今はいなかったでしょうね……。

大川　でも、理解したでしょ？　それで、そのままイオと何かを始めたかといえば……。

イオ　そうではないんですよね。接点ができるまで本当に長い（笑）。

ファインダー越しに見てきた成長

大川　結局、じゃあ、何かをやろうかとなったのはイオの5周年記念大会に『フォトリブレ』を作ろうとなってからだから5年前だよね？　それで（メキシコの）カンクンとかメキシコシティで撮影して。そこから10周年を迎えるまでに9冊、作ったのかな？

イオ　そうですね、はい。

大川　その中で成長したなぁと思うことはたくさんあって。それは試合のこととは別なんだけどさ、あか抜けてきたし、モデルとしての見せ方とかね。やっぱりさ、最初は育ちざかりってこともあって、すぐにブヨブヨになって……。俺、「もうちょっと絞らないと撮らないぞ！」って何度か言ったよね？

イオ　はい、何度も（苦笑）。あの時は痩せないというか、（ダイエットを）やらないっていうか……すみませんでした（笑）。

大川　でも、ここ2年位はそういうことを言わなくても自分で調整できるようになってさ、そういう点では成長したなって。ただ、イオは……アドバイスしても理解するまでに時差があるというか（笑）。まぁ、それだけ考えているのかなとは思うけど。たとえば、今や「世界一の」と言われているムーンサルトプレスも……。

イオ　ものすごく注意を受けました。私、体操時代のクセで手を縮めて飛ぶクセがあって。それを指摘してくださったのが大川さんでした。

大川　最近でも時々、手を広げない悪い癖が出る時があって、「本当に世界一なのか？」って注意したこともあったよね。

イオ　世界一って言われているんだったら、もっとキレイに飛びなさいって言われました。

大川　で、最初は「いや、あれは……」って言い訳する

よな（ニヤリ）。だけど、イオのいいところは、意見を反芻して理解して2、3ヶ月後には直っているんだよな。その繰り返しで、ここまできたんじゃないかな。そりゃあ人間だし、イヤなことを言われる場所にきたくないじゃない？　だけど、イオは最初はムッとしてるかもしれないけど、理解して戻ってくるというか……。だって、今まで何度も泣かしたよね？

イオ　けちょんけちょんに言われて何度も泣きました（笑）。あと、怒られたわけではないのですが、（2013年4月29日の）両国国技館とか……（苦笑）。

大川　今となっては笑い話的に話せるけどさ（笑）。俺、たぶん、イオに対しては当時、今ほどの愛情を持って接してなかったよな？　だって、それは「この子は本当はもっとできるのに、サボってるなぁ」って印象で。

イオ　それで、私が本当にしょうもない試合をしてしまって、試合後に大泣きして……。

大川　試合前に話した時から、「あ、イオは今日、失敗するぞ」って思ったよ、俺は。だって、両国だからって今までとは違うところを見せたい気持ちは分かったけどさぁ、明らかに準備不足なことを狙ってたから。

イオ　今となっては、本当に準備不足だったなって分かっています（苦笑）。

大川　それで、結局、準備不足そのものな結果を招いて。「あ、やりやがったな」と……。それで試合後に、やっぱり、そこまでの道のりは見ているから。あの冤罪の一件があって、そこから頑張って両国で赤いベルトを奪取するってことは凄いことだし、「俺はおめでとうって言いたいんだよ。でも、これからメインイベントを作り上げていくチャンピオンとしては、あまりにも足りないよ。そして、残酷だけど失敗すると思ってたよ」って（言った）。だから怒ったわけじゃないんだけど……。

イオ　でも、それが図星過ぎて、それをやってしまった自分が情けないしという感情とかで泣いてしまって。

大川　それが周囲から見たら「あ、大川がイオを泣かした」って（笑）。でも、そこからも失敗が多かったよなぁ。

イオ　防衛戦のたびに泣いてましたね。まさに準備不足の連続だったんですけど、何をどう準備すればいいのか分からなかったんですよ（苦笑）。で、終わってから、自分がやってしまったことに愕然とするというか……。

紫雷イオならもっと上にいける

大川　なんかね、あの当時のイオは自分で勝手に責任を背負って、逆に難しいことをしなきゃって気持ちだったんじゃないかな？　で、失敗するということが続いてたよね。あとは、周りのジェラシーもあっただろうし、重圧は凄かったのは分かるよ。

イオ　だから、最初のワールド・オブ・スターダムのベルトの防衛戦の後って、10回防衛したうちの前半はずっと泣いていた気がします。

大川　女のコは普通、いろいろ涙を見せてもいいと思うんだけど、イオのよい点は、俺らの前ではギャンギャン泣いても、お客さんの前ではそれを見せないことだよね。お客さんの前では笑顔でいるというか。そうやって本物になってきたと思うよ、俺は。だって、時々、「あれ？イオって、いつからこんなにできるようになったの？」ってハッとさせられることもあるし。

イオ　本当ですか？　嬉しいです！

大川　だけど、「あ、こいつ、今、調子に乗ってるな！」って思うことも多い（笑）。だから、つい最近も全然、おもしろくない試合だって言ったこともあるよな？

イオ　あぁ、ありましたね……。

大川　それは、イオが（新日本プロレスの）棚橋弘至選手にアドバイスをいただいたり、週刊プロレスで内藤哲也選手と対談させてもらったり、（元女子プロレスラーの）ブル中野さんや、（センダイガールズプロレスリングの）里村明衣子選手に認めてもらえたりというところまできた以上は、それだけのものを背負っていかなきゃいけないわけでしょ？　評価されただけで満足してたらダメだよって意味もあったけど。だから、俺、イオのことをみんなが褒めれば褒めるほど厳しいことを言ってたよね。

イオ　そういうことを言ってくださるのは大川さんだけで……。

大川　それは結局、紫雷イオの能力だったら、もっと上にいけるというか。俺、イオの能力はまだまだ天井知らずだと思っているし。俺ね、イオは女子プロレスラーだとは思ってないよ。『プロレスラー・紫雷イオ』だと思っているから、今後、どういう活躍をしてくれるんだろうって楽しみはあるんだよ。でもさ、誰もイオがここまでのレベルにきているでしょう。でもさ、誰もイオがここまでのレスラーになるとは思ってなかったでしょ？

イオ　私が一番、思ってませんでした（笑）。だけど、ここまでなれたのは大川さんの影響と言うか、存在がほとんどだと思っています。それは、大川さんだけではなく、大川さんの奥様も含めて、いろいろ言っていただいて。そういえば、今の私のマスクの耳の部分のアイデアって奥様のアイデアなんですよね！

大川　そうだね。イオのマスクのモチーフはタヌキなんだけど、初期は耳の部分が、いわゆるタイガーマスクタイプだったんだよね。それで妻が耳の部分はタヌキっぽくもっと丸くできないのかと言って、マスク職人のオオヤさんと相談して今の形ができたんだよね。（歴代マスクの写真を見ながら）それにしてもマスクもイオと一緒にあか抜けていったねぇ（笑）。今や、うちの店で販売すると24時間以内に売れてしまう人気商品だからね。

プロレス界の両親に感謝

イオ　マスクの件も含めて大川さんご夫妻はプロレスラー紫雷イオにとっての両親だなぁって思うんです、私は。だって、普通、人間関係っていいことだけ言っていれば円滑じゃないですか、表面上は。

大川　俺は悪いところをズバズバ言うからねぇ（笑）。

イオ　だけど、それを指摘して叱るということができるのは、日常生活では親だけですよね？　プロレス界でそれをしてくださるのが唯一、大川さんご夫妻で。だから、私にとっては親です。……私、嬉しかったことがあって。大川家の家族旅行に連れていっていただいたことがあって。

大川　グアムだね。その時は旅行の合間に2日間位使って『フォトリブレ』の撮影をしようという話になったんだよ、妻との間で。「イオだったら手がかからないから、一緒に行ってもいいか」みたいな（笑）。

イオ　それで現地でタクシーに乗った時に大川さんが運転手さんに私たちの関係を聞かれて、私を娘ですって言ってくださったのが、すごく嬉しかったです。あぁ、大川家に認められたんだ、みたいな。親としての愛情を感じているので、もっと応えないと、成長しないと……と思いました、あのグアムで。

大川　あ、思えば、あのグアムの時がジックリ話した最初かもしれない。イオがまぁまぁ酔っぱらって「オマエ、そんなことまで話さなくていいよ！」みたいなことも言いだして（笑）。でも、あの日があったから、ジックリといろいろ話したから今でも続いていると思うし。ただ、今のイオをあまり褒めても仕方ないし。それは、これからのイオに期待しているから。まず、プライベートでは何年後かには幸せになってほしいよね。家族を作ってほしいしさ。女の子として幸せになってほしいですよ。だけど、それまでにプロレスラーとしては、やりきってほしいし、出し切ってほしい。だから、できることはすべてチャレンジして、一人の女性としての次の人生に悔いなく進めるようにね。あと何年間やるかわからないけど、今、プロレスラーの紫雷イオとして目の前にチャンスはあるんだから、チンタラしていないで搾り切って頑張ってほしいな。

イオ　最後までありがたいお言葉、ありがとうございました！

大川昇（おおかわ・のぼる）
1967年、東京生まれ。東京写真専門学校を中退し、「週刊ファイト」へ入社。その後、「週刊コング」写真部で8年間、カメラマンとして活動。1997年10月よりフリーとなり、国内外のプロレスを撮り続けている。現在、東京・水道橋にてマスクショップ「DEPO MART」を経営。営業時間は同店ホームページ（http://www.depomart.com/）参照。

第三章

スターダム入団と冤罪事件

姉妹タッグ解消の真実

いつまでも姉たちの後ろに隠れていては成長ができない。もっと海外で経験を積みたい。そんな想いが芽生えてフリー宣言をしたのは2011年の夏のことです。

ただ、当然ですけど、順風満帆ではなかったです。

たとえば、姉の美央との確執を噂されるようになりました。

まぁ、ずっと一緒に、それこそ子どもの時から私の前にいてくれて、プロレスデビューも一緒。それが、紫雷姉妹解散を宣言して、突然、妹が独立するとなったらファンの方も心配するのは当然だし、うがった見方をされると思います。

たしかに、私が一人でやりたいと言った時に、美央は「もう少し一緒に……」という意見だったので、話し合い以上のもの、つまり、ケンカにもなりました。

それと、SNSでのやり取りも誤解を生じさせたり、いらぬ心配をかけてしまったでしょう。そして、何よりもトリプルテイルズ脱退以降、美央と私がリング上で交わらなかったことも大きいと思います。ただ、長女のブログでもアップされていますけど、プライベートでは姉妹として会っていたし、普通の関係でしたよ。

たとえばですが、みなさんにも兄弟、姉妹がいたとして同じ職種なのに違う会社に入ったとするじゃないですか？　同じ職種なので、それぞれの会社がライバル同士だったら会社のことって言えないじゃないですか？　守秘義務とかの問題もあるだろうし。私たちも上がるリング（団体）が違うようになって、そこがたまたま交流がない。それだけだと思います。

スターダムに上がるのはリスクがあった

トリプルテイルズを脱退して、事実上のフリーになって、やっぱり気になっていたのがスターダムでした。

当時のプロレス専門誌を見ても他の団体は扱いが小さいのにスターダムだけは毎週のように大きく扱われていたんです、旗揚げして1年くらいなのに。そこに「なぜだろう？」という疑問と興味を持ったことが、気になった理由のひとつですね。

あとはグラビアアイドルとして活躍していた愛川ゆず季さんの存在です。ルックスもいいし華やかだし、注目をされる理由も分かります。だけど、「そんなにいいの？」と思って。関わるしかないか？　そんな気持ちが出てきて、私、ロッシー小川社長に自分で交渉したんです。「スターダムで闘いたい」って。スターダムでのスタートはここからでした。

2011年7月24日、スターダム初の後楽園大会で、レギュラー参戦を表明（撮影：大川昇）

実は、フリーランスとして当時のスターダムのリングに上がることは、いろいろな意味でリスクというか、それに値するものがありました。

当時からスターダムは鎖国状態、つまり、他の団体と交わらないという姿勢だったので、他団体と軋轢が生じることもありました。その団体の中には紫雷姉妹として上がっていたリングもありました。

もちろん、それまでお世話になっていた各団体には挨拶はしました。そして、自分なりのビジョンも伝えました。

その時にスターダムのリングに上がることを快く思わない団体さんもありました。つまり、どちらかに上がることで、どちらかに上がれなくなるかもしれない、イ

2011年8月14日、ついにスターダムのリングに上がった！（撮影：柳原裕介）

コール、フリーランス・紫雷イオの職場が縮小してしまう可能性があったわけです。だから、覚悟が必要でしたね、スターダムに挑むということは。

2011年8月14日、私は初めてスターダムに参戦しました。ここからは基本的にスターダムのリングに上がり続けていますが、今、思えばフリー時代の経験も大きな宝物です。

フリーランス生活で学んだのは、プロレスラーとしての生き抜き方ですよね。お金の稼ぎ方はもちろん、振る舞い方を学べました。これは団体に所属してからも必要なスキルだったし、今となってはフリーランスを経験してよかったと思っています。

初参戦から１ヶ月後には、早くも愛川ゆず季の持つタイトルに挑戦（撮影：柳原裕介）

甘くなかったスターダム

そのスターダムですが……これまでに、いろいろなところで話していますが、甘く見ていましたね～、最初は。たしかに注目度は高いけど、「それはグラビアアイドルのゆずぽん（愛川ゆず季さん）がいるからでしょ？」とも思ったたし、所属の９割の選手が当時プロレスキャリア４年の私よりもキャリアがないんですよ。

だから、チョロいでしょ！　正直なところ、そう思ってしまいました。だから、私、当時のスターダムにジェラシーを抱いていたほどです。まぁ、当時、スターダムへのジェラシーは、他の団体や選手も抱いていたと思いますけどね。そこで、私自身がジェラシーの向こう側へ行ってしまうのも面白いんじゃね？　という気持ちが芽生えてきて……。でも、甘いもんじゃなかった。いろいろなものが覆された。キャリアとかが通用しないって実感したんですよ、スターダムのリングで。

たとえば、私の場合、フリー参戦して1ヶ月後に愛川ゆず季さんのタイトル（ワンダー・オブ・スターダム王座）に挑戦しました。

当時の私は「ゆずぽん？　チョロいわ！」という気持ち……すごくありました。

追い込む場面をつくるも惨敗した（撮影：柳原裕介）

だけど、結果は左腕を脱臼して惨敗して……情けないけど、愛川ゆず季というプロレスラーを認めざるを得なかった。出鼻をくじかれるって、まさにこれだな～って。
ここでさらに、ある人からは「ゆずぽんの負け役になるためにスターダムに上ったの？」って嫌味っぽく言われて……悔しいけど、図星でもあって、痛いところを突かれました。だから、しばらく落ち込んでいましたよ、スターダム参戦当時は。「こなきゃよかった！」と思いましたもん。

ただ、現実としてその後、高橋奈苗（現：高橋奈七永）さんのタッグパートナーとしてリーグ戦にエントリーされていたので穴を開けるわけにはいかなくて……。愛川戦で負ったひじのケガはかなりの重症だったけど、テーピングでグルグル巻きにして、腕がどうなってもいいという覚悟でリングに上がりました。

そこまで無理したのは、ここで休んだら消えてしまうという危機感が一番大きかったからです。そうなりたくなかったし、そうなったら、「ゆずぽんの負け役になるためにスターダムに上がったの？」という言葉を肯定することになる。それは悔しい……と思う自分がいたということは、それだけスターダムのリングには上がり続けたい何かがあったんですよね。

晴れてスターダムの一員に

それで、紆余曲折の末に私の5周年記念興行（2012年3月4日）のリング上でスターダム入団という形になりましたけど、そこからも順調とはいえなかったですよね。

しばらくの間、外様感というか、子どもの頃に味わった転入生感というか。それでいて5

2012年3月、デビュー5周年興行にてスターダムに入団。団体所属の選手に（撮影：大川昇）

年のキャリアはある……団体になじめない自分もいたし、正直なところ仲の悪い選手もいましたよ。嫌われる選手には嫌われていたと思います。

余計なトラブルを起こさないようにと、私自身も心のどこかで目立たないようにしようと思っていたかもしれない。だから、スターダム所属当初の紫雷イオは目立たなかったというか……。他の選手の輝きについていけない自分がいたんです。

私、スターダムに入団した5年前って、二番手、三番手どころか五番手、いや、下から数えた方が早いほどの存在感でしたよね。その他大勢ってやつです。だから、紫雷姉妹でいたほうがラクだったかも……と、ほんの少し思いましたし、周囲から「(入団は)失敗だったんじゃないの?」という声もありました。だけど、この団体だからこそ、上にいってやろう、トップになってやろうっていう、やりがいを感じたことも確かでした。

淘汰される危機感が大きかった分、その逆にいろいろなものを乗り越えれば一番になれるんじゃないかな? そう思えたんですよね、スターダムには。ピンチはチャンスという感じで。そう考えたら、「ヤバイぞ、ここは」というものが「面白いじゃん!」という言葉になったんです。その答えのひとつが、10周年記念の大会をスターダムのリングで迎えたということです。

ただ、今でも、フリー参戦ではなく、スターダムにすぐに入団してしまっても面白かったんじゃないかなと思っています。

それをしなかったのは当時の私の不安というか、まだスターダムという団体への信頼が確かなものではなかったんですよね。

ここのリングでやっていって楽しいのか？

やりがいを感じられるのか？

そして、プロとしてお金を稼ぐことができるのか？

それを見極めたかったと思いました。……あとは正直なことを書けば、合わなかった時にフリーランスのほうが去りやすいですからね。逃げ道があったほうがベストに思えたんです。「もしもダメだったら」というネガティブの先回りが、ここでも発揮されてしまったという……。このようにしてスターダムの一員になった私、紫雷イオですが、入団後ほどなくして、〝あの事件〟が起こります。

乾燥大麻密輸の容疑で逮捕

今回、この本の出版のお話をいただいた時に嬉しい気持ちが大きかったのですが、気になったこともありました。それは自伝ということで、やはり、あの事件について触れなくてはいけないな、ということです。もちろん、紫雷イオの歴史を振り返る中で忘れられない出来事ですし、結果としてはターニングポイントになりました。そして、みなさんも知りたいことだと重々承知しています。

だけど、やっぱり、私にとっては辛いだけの出来事で、正直なところ最終的には真相は曖昧なまま終わっていますし、私だけが当事者ということではありません。今さら振り返るのはいかがなものかと思いました。だけど、今だからこそ、私が明かせることは全部書いて、吐き出して、次に進むべきチャンスなのかとも思い、書くと決めましたが……。

2012年5月24日。紫雷イオは成田空港にてメキシコから乾燥大麻75グラムを密輸しようとした疑いで千葉県警に逮捕される。その後、処分保留で釈放され、事件を仕組んだ者が現れて無実が証明された。

これが事件の大まかな内容でしょうか。今になっても私自身、「なぜ?」と思っていることがあり、グレーのままで分からないから触れられないこともあります。それでも、私が書けることは書きます。

まず、時系列を追って説明しますと、逮捕される前の2週間ほどを私はメキシコで過ごしていました。現地で大きなプロレスの試合があったので、それに出場するためでした。その大会には日本人選手が何人か招待されていて、私もその一人だったのです。また、その大会を撮影するために、日本から取材クルーも同行していました。私自身はスターダムに参戦するようになってからも、何度かメキシコ遠征をしていて、その時は4回目だったと思います。いずれにしても、いつも通りのメキシコ遠征のはずでした。

この遠征のある会場でのこと。参加した日本人選手が並んでサイン会を行うことになりました。すると、あるファンの方が「プレゼントだよ」って、私ともう一人の選手に大きな肖像画をくださったのです。めちゃくちゃ大きな絵でしたが、異国の地で私を知ってくれていて、ファンになってくれた人がいるんだと思うと、嬉しくて大切に持って帰りました。ただ、今となっては、当時、数回のメキシコ遠征を経験していたとはいえ、私の知名度がそこまであったかといえば……というところです。

2012年5月23日。私は約2週間に渡るメキシコ遠征から帰国して成田空港にいました。あとはいつものように税関で黄色い紙（税関申告書）をもらえば、長かった遠征も終わる……そう思いながら列に並んでいたんですね。すると、係員から「あの人と一緒だったか？」と言われました。その人はツアーで一緒だった人なので、「はい、そうです」と答えたところ……。

まず、本来は一人で通される税関を、その人と一緒に通されました。そして荷物チェックを受けて、その後、その人とは別々の部屋に連れていかれました。

ここからの出来事は、私にとってわけがわからないことの連続でした。まず、その別室で、さらなる荷物検査が行われました。しかも、男性職員が私の全部の荷物チェックを始めたのです。もちろん、そこには下着も入っています。それを見ず知らずの男性職員にグチャグチャにされるんですよ？　それって、めちゃくちゃ屈辱的で……。

「あなたたちが持ち込んだ絵に大麻が入っていました」

罪状については、たしか、そんな感じで切り出されたのかな？　別室につれていかれた人もメキシコでファンと称する人から私と同じく大きな肖像画をもらっていました。その絵に大麻が隠されていたというのです。

しかし、私自身は「はぁ？」としか言いようがないですよ。だって、身に覚えがないし、絵に大麻を仕込まれた覚えもないですから。それでも、もう一人の絵から75グラムの乾燥大麻が出てきたことは事実だと……。だから、何か知らないかと聞いてきました。もちろん、知るわけがありません。

屈辱的だった税関での対応

そんなやり取りを空港の別室でさせられましたが、向こうは私に「持ってきました」と言わせたいのが分かります。だけど、本当に何も心当たりがないし、「分かりません」、「知りません」しか答えようがないわけですよ。

それよりも2週間の遠征で疲れているので「早く家に帰してほしいなぁ〜」って思っていたら、今度は「こういう物を持っていないか?」って、ドラッグカタログみたいなものを持ってきて見せられるわけです。私も最初は普通に応じていましたよ。だけど、疲れでイライラもピークに達してしまい、ついつい態度にも出てしまったし、「変なものを持ってるわけないでしょ!」的にも答えてしまいましたが……。

このようなやり取りが続いた結果、警察関係者の前で尿検査をしろということになりました。「この検査をして、何の反応も出なければ出れるのか?」と問い質すと、向こうが「そうですね」と答えたので、泣く泣く受けたわけです。しかも、不正がないようにと職員（女性）に見張られてです。……22歳の女子としては、これ以上にない屈辱を味わいました。

当然のことながら悪い結果は出なかったにもかかわらず、「あなたは持ってました」と。それは、もう一人の荷物と、つまり絵も含めていっしょくたにされて、二人で持っていたからと、容疑が課せられたのです。そして、「容疑者として逮捕します」と警察に手錠をかけられました。

この時の感想というか、本当に何がなんだか分からないですよ。そのツアーに取材クルーもいたのでドッキリなのではないかと思う余裕もなく、とにかく「え？　え？　え？　なに？　なに？　なに？」としか思えなかったです。

それから空港の裏側を通されて、近くの成田警察署の取調室に連行されて……。困ったのは、空港の別室に通されて携帯電話も没収されてしまったので、親や小川社長に一切の連絡が取れないことでした。

それどころか、その後、面会はもちろんのこと、手紙のやり取りもNGになりました。そのまま逮捕から2日間、取り調べを受けて。その間、何度もここで容疑を認めたらラクになれますよ、つまり、執行猶予で解放されますよ的なことを言われるんですけど、本当に心当たりがないし、答えようがない。

拘留されて、取り調べの2日間は誰とも連絡は取れなかったので、世間でどのように報道されていたか分からなくて……まさか大ごとになっているとは、この時点では思ってもみませんでした。

結局、留置所に連れていかれ、「しばらくの間、ここで生活してくださいね」と言われ、その後、重い扉をガシャンと閉められて……テレビや映画で見るのと同じじゃんと思いつつも、「やっていないのになぜ？」としか考えられなかったです。留置所に入れられた瞬間から、私は番号で呼ばれるようになり、一個人、人間としてのアイデンティティまで奪われた気分になりました。

まさかの留置所生活

入れられたのは畳の一人部屋で、本当に孤独で発狂しそうになりました。これだったら、ヤバくて恐い人がいてもいいから、雑居房のほうがいいとすら思えてきて……。話す相手もいないし、することといえば畳の目を数えることだけ。これは、きっと思考回路がおかしくなっていたのでしょう。帰国してすぐに試合のスケジュールが入っていたので、「どうしよう……」と思うと、余計に冷静でいられなくなるわけです。

それでも「ここを出たらすぐに試合だ」と思っていたから、独居房の中で腕立てとかスクワット、ストレッチはしていて。留置所では、用意された薄汚い服を着せられるわけです。すべてに○の中に留置所の留の字が書かれたダサダサなものです。しかも、下着はパンツはOKだけどブラジャーは禁止。さらに、私は普段、コンタクトレンズなのですが、これも留置所内ではNGなんですよ。

それで、たまたま眼鏡を持っていたので、それを使ったら、普段、使い慣れていないものですから不便だし……なんか、自分が惨めに思えてきて、早くラクになりたいと思いました。このラクになりたいという気持ちは、後々、取り調べなどで突かれるとは思ってもいませんでしたが……。

キツかったのが取り調べです。拘留がかかってしまったので、最低でも10日間、留置所にいることが決まりました。そして、その間、取り調べを受けることになるわけです。

そもそも私自身の荷物には怪しいものは何も入っていないわけです。

だから、私にかけられた容疑は「もう一人の絵の中にドラッグがあったことを知っていたのでは？」という共謀罪でした。そのため、現地での日程や行動を警察の人が調べて、検察でも同じことが聞かれる。警察や検事にとって重要なのは、私が「知っていたか？」ということでした。もう一人の方とは同じスケジュールで動いていましたが、現地でドラッグを扱うような人と接触する時間はありませんでした。

そのことを伝えても、何度も同じ質問をしてくる。当たり前ですけど、私は知らないので、認めようがないじゃないですか。だから何度も聞かれるし、なんとしてでも私の矛盾点を探そうと同じ質問を違う人からされる。さらに、ここでも「認めてしまえば執行猶予でスグに出られるよ」という餌をぶら下げてくる……。

人間って極限状態で何度も同じことを聞かれると、何が正しいのか、どれが本当だったのかもあやふやになってくるんだって、この時、初めて知りました。取り調べを受けていると、一刻も早く解放されたい、早く家に帰りたいと思う。だから、やってもいないのに一瞬「認めようかな……」と妙な考えが頭をよぎってしまうんです。検察はそれほど追い込んできます。もちろん、認めるわけにはいかなかったので留まりました。

「いや、私は知らないし、やっていないです」

この言葉の結果、私は最大限の20日間の拘留を受けることになりました。

さて、この拘留がかかると「あなたは弁護士を雇えますよ」と告げられます。

「私選の弁護士にしますか？　国選の弁護士にしますか？」って聞かれても22歳の若者にはチンプンカンプンで。ただ、「私選の弁護士はお金がかかりますよ」って言われて。私には弁護士の知り合いがいないし、そもそも弁護士に関することに無知なわけです。まず、私選弁護士は無理だと分かったけど、国選は国選でどうしたらよいのか分からない。しかし、選択の余地は2つしかないから困りました。

すると、警察の中にも私の状況に同情してくれている人はいたんです。淡々とはしているんですけど、ちょっとしたアドバイスをしてくれる方もいて、「私選弁護士でも得意な分野と不得意な分野があるし、国選でもいいんじゃないの？」的なことを言われて。じゃあ、お願いしますと。

ここで運がよかったのは、私の担当になってくださった国選の弁護士さんが、よくしてくれる方だったことです。過去にたまたま私と同じようなケース（荷物の中にドラッグが仕込まれていた）の案件も担当したことがある方でした。拘留中は警察関係、検事以外の人と話すことはできないので、私にとっては、この時、唯一、世間と私をつないでくれる人でした。弁護士さんから言われたのは、「まずは、あなただけのことを考えなさい」ということでした。私の荷物から何も出てきていないし、おそらく、証拠不十分で終わると確信していたのだと思います。

だけど、たとえ記憶違いだとしても、もう一人の供述と違う点が出てくると、私が嘘をついている、ストーリーをねつ造していると見なされて、より容疑をかけられる可能性があると。その結果、起訴される可能性があるから、全部黙秘しなさいと。まぁ、黙秘も何も知らないものは知らない。それでも警察は「言ったほうがラクになるよ？」という、その押し問答で20日間、私は留置場にいました。

留置所で受けた〝いやがらせ〟

この拘留の間、留置所ではいやがらせも受けました。

留置所と、取調室がある検察所は別の場所にあるから、少しの距離を移動するんです。それで、ある日、肌寒かったので上着が欲しいと訴えたら……私自身も無実なのに逮捕されたから不貞腐れた態度を取っていたことは認めますけど、その職員も私のことが気に食わなかったんでしょう。お願いしても、なかなか持ってこないんです。

20分以上待たされて、やっと持ってきたのは黒に黄色、緑のラスタカラーが入ったデザインのジャージで、後ろにはマリファナの葉のイラストがプリントされていたんです。私にかけられている容疑が容疑じゃないですか？「こいつ、わざとコレを持ってきたな」と思いつつ、他の職員さんが察してくれて、他の上着を借りることができました。

検察所には、取調室に呼ばれるまで待機している場所がありました。そこには私と同じように留置所から連れてこられた人たちがいて、少し話をすることもありました。驚いたのはそこにいた女性のほとんどが、ドラッグ絡みで逮捕されているんですよ。

それで「あんたは何でここにきたの？」とか「私、これで3回目だよ」みたいな会話があって。こんなにドラッグに手を出す女性がいるから、私も疑われているんだ……そう思いました。最初は私自身が潔白だということと、そういう風に実際に手を出して逮捕されている人と一緒にしてくれるなと思うんですけど、久しぶりに警察や検察、弁護士以外の人と話せる安堵感というのか、なんとも言えない気分でした。

プロレスだけが心の支えだった

20日間……とても長かったですよ。だけど、耐えられたのは「私にはプロレスがある」という気持ちがあったからでした。

「なんで私だけこんな目に遭うんだ」、「世の中なんてぶっ壊れてしまえ」とか思いましたけど、それよりも「早くプロレスがしたいな」と……。ただ、塀の外の世界のことを伝えてくれるのは弁護士さんだけでしたから、私のことがどのように報道されているのかと聞いたら、名前も出てしまったと。

当時、もうひとつ気になっていたことがありました。実はメキシコへ行く前に雑誌用のグラビアを撮影していて。その雑誌が勾留中に発売されることになっていたんです。事件があったのでどうなったのか気になっていたんですが、雑誌は発売され、グラビアも掲載されたとのことだったので、私はまず安堵しました。私のせいで発売が差し止めになってしまったらどうしようと思っていたし、それに関する賠償のことも頭をよぎったから……。

この雑誌が販売されたと知って「雑誌にグラビアが掲載されているのだから、報道はされちゃったけど、プロレスはできるのかな？」という希望が湧いたんです。実際にやっていないし、起訴されていないから大丈夫だろうって。だからこそ、20日間も耐えられたし、釈放されたらスグに試合に出られるだろうと思っていました。

だけど、現実は……。処分保留で釈放されて留置所を出た瞬間から、私自身が想像もしていなかったことが待っていました。

留置所から出て、まず驚かされたのが、事件が思った以上の何倍もの大きさで報道されていて、大ごとになっていたことです。そして、あたかも私が犯人であるように報道されていたことです。

すべてに困りました。まず、それまで隠していた本名が報道されていました。リングネームにしたのはデビュー当時の家庭の事情が大きくて、それで家族に迷惑がかかることがイヤでした。リングネームだったら私一人のことで済みましたが、離婚はしていたけど両親、そして、姉たちに迷惑をかけてしまった事実が気持ち的に痛かったです。

そして……「あ、これはプロレス界に復帰できないな」と直感したんですよね、報道の大きさと、記事の書かれ方から。留置所を出たらすぐに復帰できると思っていた希望が、一気に崩れ落ちました。それ以前に、プロレスどころか、メキシコへ行く前の日常にさえ戻ることができないと思いました。

合計22日間も警察に拘束されて、その前は2週間のメキシコ遠征と、1ヶ月以上、日常から離れていたけど、釈放されてそれを知って、なんだか現実の世界じゃないみたいで。夢の中の世界や別世界にきちゃったのかな？　そう思ってしまうほど、いろいろな意味で何か違った次元に放り出されたような気分でした。つい数時間前まで留置所の中で持っていた「なんとかなるからなんとかしよう」というモチベーションが一気に消し飛んで、目の前には絶望しかなかったです。

「何とかなる」とか、そういうレベルの問題じゃないと、すぐに気付かされて。留置されていた時も辛くて不安だったけど、家に帰って状況を知れば知るほど不安になってしまい、何もできなくなりました。

社長の言葉に救われる

だけど、不起訴で釈放されたことは、いろいろな人に報告しないといけない。ただ、正気ではなくなってしまっていたから、誰に連絡するべきなのかすら判断もできない。

まず、親に連絡したのかな？　本当にそこら辺は曖昧にしか覚えていないです。あとは情けないいけど、連絡を入れたら怒られるんじゃないかという気持ちもあって、簡単に連絡できないと思い込んだり。

悪いことはしていないのだけど、大き過ぎる迷惑をかけてしまったのは事実じゃないですか？　その点を反省すればするほど、外部と接触することが恐くなってしまったんです。それだけ心が追い込まれて弱っていたし……。それでも、まず所属団体の社長である小川さんには……と思って電話をしたのですが、小川さんだって私にかける言葉がないじゃないですか？　見つからないですよ、その時の私にかける言葉なんて。だから、電話をかけただけ。今後については当然、何も話せませんでした。

そこからは……本当は気安く使ってはいけない言葉ですけど、すべてを投げ出して死んでしまいたいって思っていました。逃げる方法が、それしか思い浮かばなかったし、人の視線も恐いし、釈放されてから誰とも目を合わせられなくなってしまって。思い浮かぶのは最悪の結果だけでした。

ただ、心のどこかで人としての最低限の気持ちというか、迷惑をかけたことへの謝罪をしなくてはと思いました。逃げるにしても、まずは社長やスターダムのみんなの前で謝らないといけないって。そこで社長に「解雇」、「契約解除」と言われたら受け入れるしかないと覚悟を決めて。もちろん、その時はプロレスが好きだったし、続けたい気持ちがあって。その気持ちがみんなへの謝罪をしなくてはという原動力になりました。そう思っていることを改めて社長に伝えました。

「イオは悪いことしてないんでしょ？　それは俺も分かっているから。だから、（復帰については）大丈夫だよ」

小川社長から出てきた言葉は私にとっては意外であり、嬉し過ぎる言葉でした。

当時のことは落ち込んでいて正気ではなかったことと、忘れてしまいたいこともあって曖昧なところが多いけど、社長のその言葉だけはハッキリと覚えています。そして、これが私がスターダムという団体にすべてを捧げようって決意した瞬間でもありました。それはハッキリと覚えています。

スターダムの仲間に謝罪

とは言ってはみたものの、社長の言葉は、あくまでも社長個人の意見です。周りの仲間の胸中を考えると……辛いというか、どうしたらいいのか分からなくて。当時の事務所に選手全員を招集して謝罪する機会を作ってもらいました。

実はその前に、みんなに電話して謝ろうと思ったんです。だけど、まともに人と会えないどころか話すこともできない精神状態だったのでメールを送ったんです。ただ、みんなだって動揺しているわけで、返事をくれた選手もいたけど、どんな言葉をかければよいのか分からない選手も少なくなかったです。また、私自身、恐くて返事を読むことができなくて……。そんな状況で事務所でみんなの前に立ちました。

本当に迷惑をかけてしまって申し訳ないという気持ち。だけど、心の隅っこには、自分は悪いことをしていないのに、なんで、こんなに惨めな気持ちにならなくてはいけないんだろうという悔しさがあって。そして、みんなが許してくれるまで頭を下げ続けようという覚悟……いろいろな感情が入り混じって、泣きながら謝ったけど、たぶん、言葉になっていなかったと思います。

そして、これで許されるはずもないって分かっていました。なんていったって、私、その時ってスターダムに所属して2ヶ月ちょっとの出来事でしたからね。選手の中には「入って早々、なんて問題を起こしやがったんだ！」って思った人もいるでしょう。

それは無理もないですよ。たとえば、旗揚げから頑張っていた選手は、横から入ってきた人間に、それまで築き上げてきたモノが壊されるかもしれなかったんですから。また、当時、団体に入ったばかりの新人にしたら、私みたいな人間がいることで将来に不安を感じさせたと思います。でも……、それでももう一度、あのリングに戻りたかった。

以上が、あの事件に関して今の私が書けるすべてです。

今、思い出しても辛いし、書いていて気持ちのいいものではなかったです。事実は事実として残るし、つい最近まで私のことを「あの逮捕された子ね」という覚えられ方もされていたし、それが事の大きさだと実感しています。自分は悪くないし、悔しさしかなかった一件でした。だけど、これで自分の心の中では一区切りをつけられたと信じています。

プロレス復帰への道

さて、選手への謝罪を終えてからも、まだまだ謝罪の場が続きました。

まずは、2012年6月21日にマスコミさんへの謝罪・釈明会見を開きました。

これはこれで、選手の前で謝罪することとは違う感情が入り混じってキツかったです。それは、私が本当にやっていないということを、どこまで信じてくれているのかという疑心暗鬼な気持ちも大きかったし、留置所を出て見た事件を報じる記事がフラッシュバックして……。それで、質問もしにくいじゃないですか？　私にとっては沈黙も怖かったし、どこまで誤解がとけるのだろうって思うと、その場にいるのは辛かったです。そして、逮捕を大々的に扱ったことに対して、謝罪や不起訴になったこと、真犯人の会見は小さいという扱いに対しても複雑な気持ちになりました。

このマスコミへの会見の5日後に私は事件後、初めてファンのみなさんの前に立ちました。まずはご迷惑をかけたことを謝罪して、処分保留という形で釈放となったけど、自分は無実であること。一からやり直すために生活も改めたこと。そして、許されるのであれば、またスターダムでプロレスがしたい。スターダムでプロレスができなければ、私のプロレス人生はないという気持ちを素直に伝えました。悔しいから涙は出てくるし、そこで判断が下されるものではないとも思っていたんですけどね……。

2012年6月12日。騒動後、初めてファンの前に。励ましの声援に思わず涙がこぼれた（撮影：柳原裕介）

そうしたら、（高橋）奈苗さんが出てきて、私に張り手を一発放って、「一から出直すって言ってんだったら泣くな。これから頑張ることが大事だと思う。何より生活を改めて頑張る覚悟は私には伝わってきてます」というこ とをお客さんに言ってくださったんです。そして、「お客さんが認めてくれるならリングに上げてあげたいと私は思います」って、お客さんに問いかけてくださったんですよね。

それで、会場のリアクションで復帰が決まりました。

あの時、率先して前へ出てくださった奈苗さんには感謝しかありません。

だって、あの状況の私を公衆の面前で庇うことは、かなりリスクが高いことですよ？ その後も復帰に向けた公開トレーニングにも付き合ってくださったり、奈苗さんなくして、あの復帰はなかったことでしょう。感謝しています。

嬉しかった大声援

復帰に向けてトレーニング再開となりましたが、留置所でも、釈放されてからもほぼ引きこもり生活を送っていたので、ゲッソリしてしまって体重もすごく落ちてしまいました。まずは体重を戻しつつトレーニングをして。そうしたら、週刊プロレスが復帰へ向けたトレーニングの様子をレポートしてくださったんです。

「はばたけイオ」という見出しが付いていたのを覚えています。そうやって応援してくださっている方もいるんだって思うと感謝の気持ちはもちろんですけど、心強かったです。同時に頑張らなくてはいけないと思って。その時は体力が落ちまくっていて、練習が今まで以

2012年7月22日の復帰戦。約2ヶ月ぶりにイオはリングに戻ってきた（撮影：柳原裕介）

上に厳しく感じていましたけど、確かな手ごたえも感じていました。

２０１２年7月22日。私、紫雷イオは約2ヶ月ぶりのリングに戻りました。

第一試合に組まれたその年に開催するリーグ戦への出場枠を賭けた9選手参加の時間差式のバトルロイヤルでした。

たしか、私は最後の入場だったんです。だから、各々の入場テーマが鳴る中で選手がリングに向かう姿を見ていました。それで思ったのは、自分の入場の時、お客さんはどんなリアクションをするのだろうか？　迷惑をかけたことはよく分かっていたから……入場するのが恐かったというのが正直なところです。

だけど、みなさんは入場曲に合わせて拍

手で迎えてくださって……私、あそこで元気になれたんです。その時のファンのみなさんの大歓声がとても嬉しかったのを今でも覚えているし、これからも忘れないでしょう。

試合の方も、ブランクはあったものの、なんとか勝ち残ってリーグ戦への出場枠を獲得することができました。そして、絶対に泣かないということも決めていて、それも守れたんです、リング上では。その日は復帰戦だし、みなさんの前では笑顔でいようって決めていたんです。だけど、試合終了後に、怖かったけどグッズ売り場に行ったら、私の列のところに2ヶ月前と同じファンの方たちが並んでいて、それがメチャクチャ嬉しくて。

本音を書けば、私は事件でファンの方に心配をかけたわけですし、悲しいけれど私を嫌いになって当然だと思っていました。それが変わらずに待っていてくださった……私、なんて幸せ者なのだろうって、すごく嬉しかったです。嬉しいから笑顔でいれたんです、最初だけ。そこでみなさんに「待ってたよ」、「おかえり」、「頑張ってね！」という声をかけていただいたら……涙を堪えきれなかったですよ。

苦しかったけど、逃げずに復帰をしてよかったって、心の底から思えた日でした。

第四章

ワールド・オブ・スターダム王座

スターダム、両国国技館大会決定

新木場1st RINGでの復帰戦を終えて、そこからの一戦一戦はすべてがかけがえのないものになっていきました。それまで日常だと思っていたことが、ある日、突然、奪われてから大切なものだと気付かされたから。世の中に当たり前なんてものはないんだって思ったし、だからこそすべてに対して感謝の気持ちが深まったし、今まで以上にプロレスに対して真剣に取り組むようになりました。

デビュー当初は、いつでも辞めてやろうと思っていた私ですが、小川社長の言葉やファンのみなさんの声援に応えるべく、すべてをスターダムのリングにつぎ込もうと思ったから、やる気に満ち溢れていました。

あの一件で人生が一度は終わったも同然で、だけど、終わらなかった。それって、プロレスに人生のすべてを打ち込めってことだろうと思ったんです。背負ってしまったものがある分、コツコツやっている人の5倍も10倍もやらなきゃ誰も認めてくれないのは分かっていました。だから、誰よりも真摯にプロレスに向き合わないといけないと思うと、自然に身体にも力がみなぎってきました。

とは言うものの、現実はそんなに甘くはなかったです。やはり、少なからず、「アイツが捕まったヤツか……」という目で見る人はいましたから。ただ、それは自分の実力で見返すって思っていたから。自分で取り返すしかないと思っていたから、原動力に変えていくしかなかったです。

もうひとつ、甘くないと思ったのは、私自身が結果を出せなかったことです。

私が休んでいた間に、当然、周囲の実力も上がっていたので、復帰戦で出場権をつかんだリーグ戦では思うような成績を残せませんでした。結局は一番どころか二番手、三番手にもなれない、その他大勢の一人でしたね、しばらくの間は。スターダムのリングに戻ってきたけど、そんな感じでした。

そんなスターダムのリングでは大きな動きが起ころうとしていました。

私の復帰第二戦が行われた後楽園ホール大会（２０１２年８月５日）のエンディングで、スターダムが２０１３年４月29日に両国国技館に進出することが発表されたんです。スターダムにとっては社運を賭けた初めてのビッグマッチです。

もちろん、選手にはそれよりも前に社長から伝えられていました。

だけど、私自身は当時、下から数えた方が早いポジションだったし、両国に出場できたとしてもアンダーカードだろうなと。それ以前に試合が組まれるのかすらも分かりませんでした、当時は。だけど、決まったからには団体が一丸になって両国に向けて走り出しました。団体内プロジェクトとして選手に役職が与えられて、高橋奈苗さんが大会運営部長になり、私は広報部に配属されて、それなりの活動はしましたが、自分が両国のリングに立つ姿はこれっぽっちも想像はつかなかったというのが、当時の本音です。

突然巡ってきたチャンス

そんな両国国技館大会を約4ヶ月後に控えた時のこと。

その両国大会をもって、愛川ゆず季さんがプロレスから引退することを表明しました。これで両国大会の目玉のひとつが決まりました。

この発表に前後して、選手が離脱したんです。その一人に美闘陽子もいました。今、思い返してみると、彼女の離脱が私にとってはチャンスになったのではないでしょうか。と、いうのも、彼女は社長から期待されていた人材だったんです。

その体格やルックスからしてスター候補生であり、そういう扱いを受けていて、大会総合プロデューサーの小川社長の頭の中には、当然のことながら美闘さんの両国でのポジションがあったと思うんですね。それが、もしかしたら赤いベルトこと、ワールド・オブ・スターダム王座への挑戦だったかもしれない。これは小川さんに聞いたわけではないから、あくまでも私の想像ですが……。だけど、その美闘さんが両国大会の半年前に引退してしまいました。もちろん、それでも団体は両国へ向けて進んでいくわけです。

年が明けて２０１３年。相変わらず私はマイペースというか、重要なポジションを任されることなく……。だけど、私なりに真摯にプロレスに向き合っていました。

そして、両国大会を約1ヶ月後に控えた3月24日の大阪大会でのこと。両国大会で行われるワールド・オブ・スターダム王座の次期挑戦者決定戦への出場が決まりました。

次期挑戦者決定戦１回戦の米山香織戦（撮影：柳原裕介）

このワールド・オブ・スターダム王座とは、スターダムが管理するチャンピオンベルトのことです。２０１1年7月24に王座決定戦が行われて、高橋奈苗選手が初代王者になりました。以降、スターダムの最強の象徴

トーナメント決勝。難敵ダーク・エンジェルを撃破し、王座への挑戦権を獲得（撮影：柳原裕介）

であり、私、紫雷イオは第3代、第7代の王者です（2017年5月末日現在）。

当時の私の状況を考えると、そして、持ち前のネガティブな気持ちで考えると、唐突感しかないです。たぶん、それはファンの方もそう思われていたことでしょう。

もちろん、決まったからには真摯に向き合おうと思いましたけど、一回戦は米山香織選手（フリー）、二回戦はダーク・エンジェルという、試合巧者との対戦でしたから、勝ちたい気持ちはもちろんありましたけど、挑戦権を獲得するのは無理だろうって思いました。

しかし、予想に反して私は勝ち進み、挑戦権を手に入れました。いや、「手に入れてしまった」というのが正直な感想です。

もちろんチャンスだと思ったんですけど、「なんで私が？」という気持ちが大きかった。だって、それまでにスターダムでは大きな役割を与えられたことがなかったですから。そもそも復帰以来、一試合、一試合が必死だった自分が両国国技館という大会場で「ベルトに挑戦してもいいの？」みたいな。大会場で重要なカードに組み込まれた緊張感、恐怖感というものもあったと思いますが、ここで従来の二番手気質が出てしまったのでしょう。挑戦者とはいえ大会の主役の一人になるということが、まったくもって想像できませんでした。

しかも、両国大会まで約1ヶ月。

できるだけの準備をしようと思ったのですが……。

両国大会当日、そして王者へ

2013年4月29日。

スターダムにとって初めてのビッグマッチは、『STARDOM CHAMPIONS FIESTA 2013 両国シンデレラ』と題されて両国国技館で開催されました。当日は約5500人の方が駆けつけてくださり、とても盛り上がりました。

私、紫雷イオは愛川ゆず季さんの引退試合と並び、ダブルメインイベントとして全10試合中9試合目にラインナップされました。第2代ワールド・オブ・スターダム王者であるアルファ・フィーメルの持つベルトに挑戦するタイトルマッチです。

緊張はもちろんしました。だけど、私は私なりに作戦を練り、「相手のフィーメルは身体が大きな選手（185センチ、90キロ）だから……」という感じで準備をしていました。でもそれは付け焼き刃的なもので、裏を返せばまったく準備できていませんでした。簡単に説明すると、大会場でのビッグマッチだから気合を入れて新技を出そうと思ったのですが、それが完成していなかったというか……威力も半端だったと思います。つまり、不甲斐ない試合をしてしまったのです。しかも、5500人の大観衆の前で……。

試合中のことは……思い出したくないです。試合後のリングの上ではチャンピオンになったから笑ったけど、「もしかしたら、デビュー戦以上にやってしまった……」とリングの上でそう思ってしまうほどの内容の悪さだったんです、自分としては。

バックステージに戻ってきたら……公私共にお世話になっている、プロレスラー・紫雷イオの成長を語る時には欠かせない存在のカメラマンである大川昇さんに言われました。

「冤罪の一件から立ち上がって両国のメインの試合に立ってベルトを奪取したことには、おめでとうって言いたいよ。だけど、メインのリングに上がる者としてはあまりにも準備不足じゃないの？」

両国大会のダブルメインでアルファ・フィーメルのワールド・オブ・スターダム王座に挑戦

ローリングソバットで勝利するも、試合内容は満足のいくものではなかった（撮影：大川昇）

図星でした。何も言い返せないし、言葉も出ない。

出てくるのは悔し涙だけで、私、号泣してしまったんです。スターダムの記念すべき初のビッグマッチで自分がやらかしてしまったことの重大さが、分かり過ぎるほどに分かったから涙が止まらなかった。

それでも勝ったのは事実だし、現に自分の手元にベルトはある。そのことを喜ばなかったら応援してくださったファンの方々、対戦相手、そしてベルトに対しても失礼だって分かっています。

だけど、どんな試合をしたのかってことも自分自身が分かっている。その答えが、止まらない悔し涙なんだけど、こんな涙をお客さんに見せちゃいけないし、笑わなくちゃいけない。

応援してくれたファンの方に「おめでとう」って言われたら「ありがとうございます」って笑顔で応えなくてはいけない。だって、祝福されて「それはちょっと……」なんて言えないし、言ってはいけないから。でも、本当はネガティブな言葉しか出てきそうにない。

これが初めてスターダムの最高峰である赤いベルトを奪取した時の気持ちでした。

時間が経つほど後悔は重く…

両国大会のフィナーレ。和やかな雰囲気も、イオの心中は穏やかではなかった（撮影：柳原裕介）

両国大会の全試合後のリング上では、それまで中心選手だった愛川ゆず季さんの引退セレモニーが行われました。

当時、外敵として大暴れしていた木村響子（＝引退）さん率いる木村モンスター軍から、私たちスターダム勢が2つのベルトを奪い返したこともあって、初のビッグマッチはハッピーエンドで終わりました。そして、スターダムの第2章に突入……表面上は明るい未来に向かって走り出していました。私の気持ちを除いては……。

家に帰っても、次の日になっても、時間が経つほどに後悔が大きくなっていって、私、両国大会後、2週間は落ち込んで、毎日泣いていました。「ベルトを取らなかったら、どんだけラクだっただろう……」と思ったこともあります。

それでも王者だから防衛戦が組まれていきます。私はスターダム第2章の主役の一人としてリングに立ちましたが、自分の思うように闘うことはできませんでした。

初防衛戦の世Ⅳ虎（現：世志琥＝2015年にスターダム退団、2016年にSEAdLINNNG移籍）戦も防衛したものの納得できる内容ではなく、やればやるほどドツボにハマっていきました。たとえば、防衛戦の次の試合ではデビュー2ヶ月の新人選手と15分のフルタイム引き分け試合をしてしまったり、なかなかチャンピオンらしい試合ができずにいました。何をしていいのか分からない。チャンピオンって、何なの？　その繰り返しで毎日のように泣いて……。

私、ここまでチャンピオンにはなったけど「ベルトを巻いた」と書いていません。それは、本当に巻いていないから。自分が情けなくて腰に巻けなかったんです。奪取した両国大会では腰に巻かずに肩にかけて、それ以降もしばらくの間、腰に巻けませんでしたね……。それほど自信がなかった。

自信のなさはベルトをどんどん重く感じさせました。何度も「もうベルトなんていらない！」って思った。また、インタビューとかで「理想のチャンピオン像は？」と聞かれても、そつがなく答えながらも、心の中では「急にチャンピオンになったんだから分からないよ！」とか「知らんわ！」って毒づいてしまったこともあります（その節は申し訳ありませんでした）。

とにかく、日本の大きなタイトルのチャンピオンになったことがないから、正解が分からないし、どのように振る舞っていいか分からない。正解が分からないから、その期間は辛かったですよ。毎日、暗闇の中を手探りで歩いているみたいな感じでしたから。

逃げない覚悟、立ち向かう覚悟

ただ、ちょっと冷静になって考えてみて、正解がないから分からない、辛いと思ったことって過去にもあったよねと思って。それって、デビュー当初のことですけど、そこで、「あ、私って、いつも〝始まりは最悪〟だったなぁ～」って思い出したんですね。

それが紫雷イオの最初の一歩の共通点です。デビュー戦もそうですし、スターダムに入団直後もそう。そして、スターダム第2章のスタートでもそうだし……。

やっぱり、出だしが悪いと「イヤだなぁ」って、その場から逃げ出したくなるんですよ。逃げた方がラクだし、辞めたほうがラクだって分かっている。ベルトだって、すぐに明け渡してしまえば、どんなにラクなことかって分かります。でも、その時に「絶対に逃げないというのが私の唯一の取柄じゃないの？」って、心の中の自分に言われているような気になって。あぁ、たしかにそうだなと再確認して。

逃げない覚悟。それを意識するようになってから自分の中で徐々に理想に近付いていったような気がします（それでも波はありましたが……）。

そして、やっと自分で「ベルトを腰に巻いてもいいかな」と思ったのが、２０１３年11月4日に後楽園ホールで行われた3度目の防衛戦・高橋奈苗戦です。

奈苗さんは初代ワールド・オブ・スターダムチャンピオンであり、タイトルを明け渡してからも、当時は「赤いベルトは高橋奈苗の象徴」として、ベルトとイコールで結ばれていた存在です。それは、奈苗さんがスターダムの旗揚げメンバーであり、キャリアもあって（１９９6年7月デビュー）、間違いなく団体を牽引してこられたからです。パワーもスピードも兼ね備えているので、たとえ私が王者だとしても勝つのは容易ではない相手でした。

スターダムを旗揚げから見ているお客さんでしたら、私がスターダム参戦当時、誰が王者・紫雷イオ、挑戦者・高橋奈苗なんて時代がくることを予想したでしょうか。それくらい特殊なシチュエーションだったと思います。奈苗さんはそれほどの実力者であり、存在感がありました。

私はそんな選手を相手にして、30分1本勝負の29分59秒、つまり、残り1秒のところでギ

チャンピオンとしての自信がついた、高橋奈苗との三度目の防衛戦（撮影：大川昇）

リギリですけどフォール勝ちできたんです。途中、脱水症状を起こして、足がつったりして、完璧ではないし無様だったかもしれないけど、高橋奈苗に勝てた。これは大きな出来事でしたね、私には。

　奈苗さんはすごいチャンピオンだったし、それをセコンドとかをしながらリングの下から見ていて、誰よりも私自身がそれを分かっていました。だから、両国で自分がチャンピオンになった時に苦しかった理由のひとつに、リングの上に初代王者・高橋奈苗の残像がハッキリといるのが分かったんです。防衛戦を重ねても、その残像が消えなかった。

　それを消し去るにはどうしたらいいんだろう？　そう思ってもがけばもがくほ

ど、どうしたらよいのか分からなくなりました。その結果、ベルトを腰に巻けなかったということです。だけど、その高橋奈苗という偉大な選手に勝ったんだから、「もう巻いてもいいよね？」って感じで、やっと腰に巻くことができました。気付けばタイトル奪取から半年が過ぎていました。

奈苗さんとの試合で技術が劇的に進歩したかといえば、当然のことながら、そうではありません。ただ、大きな自信を得ることができました。いわゆるハクもついたと思うし、自分で「私がチャンピオン」だと言えるようになりました。自信がつくとプロレスがどんどん楽しくなっていくし、プロレスにすべてを注ぎ込むという気持ちもますます大きくなっていきました。

そして、周囲の目も変わってきました。両国直後は「イオがチャンピオンで大丈夫なの？」という声や視線を感じましたが、防衛戦を重ねるたびに払拭していけたのかな？　防衛戦の後に半分位は自分が不甲斐なく感じて泣いたベルトも、10回も防衛できたことは、その後、自分を「逸女」、「エース」って胸を張って言える一因になりました。

王者だけが知る孤独感

チャンピオンになって分かったことは、〝王者は孤独〟ということです。たとえば、ほんの少しの失敗でも「なんだよ、チャンピオンのくせに」、「あんた、チャンピオンでしょ?」って言われましたし、それならば正解を教えてくれといっても誰も教えてくれません。

そして、ジェラシーもあるじゃないですか? まぁ、私は同じリングに立つプロレスラーだったらジェラシーはあって当然だと思っていますし、それがなければ、なんのためにリングに上がっているのかと思います。これもチャンピオンを経験したから言えることですけどね。とにかく挑戦してくる者が多いほど孤独を感じました、初めてワールド・オブ・スターダムのベルトを巻いて。また、ベルトがプロレスラーという人間を作るんだなぁと思ったのも、奈苗さんに勝って自信をつけた頃からかな。

私には、あの事件のことで後ろ暗いイメージがあるのは、これは紛れもない事実です。だけど、そんなことがあっても乗り越えてチャンピオンになれたし、ベルトを巻けたということで「すごいね!」という目で見られることもありました。ありがたいことに、祝福もされました。だからこそ、まず、謙虚にならなくてはいけないと思ったんです。また、プロレスラー、チャンピオンである前にいち社会人として行動しようと思ったんですね。それはリング上ではもちろん、リングを下りてからのマナーや振る舞い、身だしなみとか。

その頃から、『フォトリブレ』という写真集の影響もあって少しずつながらもプロレスマスコミ以外の取材も受けるようになりました。ベルトを持った写真撮影も要求されます。もしも、その時に「プロレスのチャンピオンって、こんな人なの？」というイメージを持たれてしまったら、誰に責任があるの？　そう思ったからこそ、気を付けるようにしています。

チャンピオンになって景色が変わった

あとは、ある選手が「チャンピオンになるとリング上の景色が変わる」と言っていたんですね。私はその頃、デビューして間もない頃だったのかな？　その言葉の意味は理解できなかったですよね。そこまでプロレスを好きになれていなかったということもありますけど、意味が分からなかった。だけど、防衛戦を重ねていくうちに、結果としては最初の王座戴冠の10回防衛したうちの10人目である里村明衣子選手と闘った時（２０１４年7月10日：後楽園ホール）に「あ、これだったんだな」って思いました。

里村明衣子選手は１９９５年にＧＡＥＡ　ＪＡＰＡＮ（１９９５年〜２００５年）という団体の一期生として15歳でデビューされた、あの伝説の女子プロレスラー・長与千種さんの弟子としても知られている選手です。その実力から、「女子プロレス界最高峰」とも言われ

10度目の防衛戦・里村明衣子戦。大熱戦の末、勝利を収めた（撮影：柳原裕介）

ていた存在でした。

里村さんは、もちろん、キャリア的にも大先輩ですけど、私がスターダムに入団してアンダーカードの試合しか出ていない時に、メインで奈苗さんとかとバチバチにやりあっていたんですね。あと、愛川ゆず季さんともガンガンにやり合っていて。私はそれをセコンドとしてリングの下から見ていたんですよ。

もっと言ってしまえば、私がフリーだった時代から、里村選手はすごい選手だって知っていました。男子インディー団体出身の、いち若手に過ぎなかった私にとっては遠い存在ですよ。その選手をリングの下から見ていて、つまり、立場的にも目線的にも〝雲の上の選手〟なんです。

すごい選手だな、闘いたいなと思っていたけど、私なんか、あの里村選手の鋭い眼力を持つ瞳には映らないだろうなって。ずっと、そう思っていました。

それがリング上で目の前に対峙しているんです、里村選手と。しかも、私のベルトの防衛戦の相手です。嬉しかったし、「まさか里村明衣子というプロレスラーと……」という驚き、感慨深いものがありました。さらに、里村選手に勝てたことは、その後のレスラー人生への大きな自信になったし、同時にこれが景色が変わることなのかと実感しました。

しかし、続く11回目の防衛戦（2014年8月10日：後楽園ホール）の世Ⅳ虎戦で負けてしまい、私はベルトを手放しました。もちろん、悔しかったですよ。1年以上、防衛して守ってきたベルトですし、私を成長させてくれたものですから。

だけど、ベルトは失ったけど、ベルトを守ってきたことで得たものは、そのまま私の中にあるんです。ベルトは腰から離れていってしまったけど、経験値は私からはがれないと実感しました。だから、ベルトはなくなっても私は私だし、チャンピオンの時と同じ試合はできる。だから、また挑戦すればベルトは取り返せる……という気持ちの余裕がありましたね、この頃になると。

プロレスラーの中にはベルトを失って魅力がなくなる人も少なからずいますよね。お飾りというか、目に見えていたアクセサリーを失って魅力も失うという感じでしょうか。私はそうはなりたくなかったし、奈苗さんや里村さんに勝てた事実が自信になった。だから、「紫雷イオというプロレスラーはベルトがなくても紫雷イオだね」と評価されて、それがすごく感慨深かったことを覚えています。ベルトを失っても、そこには「今までありがとう」ってベルトに感謝している自分がいました。これも成長でしょうか。

ベルトの重さは巻いてみないと分らない

私がチャンピオンになって学んだことは、「ベルトは奪取するよりも、守ることが難しい」ということでしたが、それは、私からベルトを勝ち取った第4代チャンピオンの世Ⅳ虎も感じていたようです。

私がチャンピオンになる時って、チャンスが転がってきたようなもので、言わばベルトに対しては無欲でした。しかし、彼女はことあるごとに「ワールド・オブ・スターダムのベルトが欲しい！」という姿勢を見せ続けていて。インタビューでも、よく口にしていたし、その願いが叶ったわけです。ベルトを取って、世Ⅳ虎もさぞかし嬉しいんだろうなって思っていました。だけど初防衛戦が終わった頃からでしょうか。練習の時とか、あきらかに元気がないんですね。私はタッグも組んでいたし、ベルトを取られた相手とはいえ、仲がよかったから、見るに見かねて、「世Ⅳ虎、悩みがあったら聞くよ」って言いました。

なんとなくは分かっていたんです。初防衛の試合の内容に納得がいかないんだなって。彼女はナイーブなところがあることも知っていたし、私だって経験したことだから、少しでも力になれたらと思って声をかけたんだと思います。すると、彼女が「イオさん……チャンピオンって、こんなに辛かったんですね……」って言うんです。案の定、でした。やはり、ベルトの重みはベルトを巻いてみないと分からないんですよ。

実は、ここがチャンピオンとしての分岐点であると思うのですが、ベルトって巻いた瞬間から追いかける目標がなくなるんです。巻いてからは追いかける背中がなくなったわけですし、ファンの人も支持しづらい状況になるんですよね。声援を送るレスラーがチャレンジャーなら「あのチャンピオンを倒してベルトを巻いてね!」って応援し甲斐もあるし、レスラー本人も「チャンピオンになる!」という目標が明確だから感情移入もしやすくなる。それが「ベルトを取りました」、「次はどうしよう?」、「分からない!」となると、どんどんベルトが重く感じるようになるのです。

時には挑戦者を指名することもありますけど、防衛戦の日時や場所、相手を決めるのはベルトを管轄するオフィスです。そこの意向に従わなくてはいけないから、すべてが自分の意志ではない。だから、苦手なタイプの挑戦者もいることでしょう。そこでつまずくこともあるし、自信が大きかった分、落ち込み方も大きくなると思います。だけど、それを乗り越えてこそチャンピオンなのだと痛感させられたし、だからこそ孤独だということです。

私、世Ⅳ虎に言いましたよ。私も同じだったって。辛かったし、大変だったよ、って。世Ⅳ虎はずっと欲しいって言ってたから、余計にそうだろうねって。だけど、その大変な時期を乗り越えたら初めて景色が変わるからって。だから、もう少し頑張ろうよ！　そんな感じのことを言ったと思います。でも、彼女は次の防衛戦で……。

私が見たスターダム事件の裏側

彼女の名前が出たところで、スターダムにとっても重要なターニングポイントになった、あの一件のことを書かなくてはいけませんよね……。

（編集部注：〝あの一件〟とは2015年2月22日、後楽園ホールで行われた当時のワールド・オブ・スターダム王者・世Ⅳ虎の二度目の防衛戦のこと。対戦前から対戦相手の安川悪斗との確執が噂される不穏な空気があり、試合では世Ⅳ虎が安川の顔面を執拗に殴り、顔面骨折に追い込みＴＫＯ勝ちしたが、その凄惨な内容から一般マスコミでも報じられることになった。試合結果は後に無効試合に改められ、王者・世Ⅳ虎は王座はく奪のうえ、無期限出場停止へ。結局、そのまま引退を表明。後に2016年3月7日、世志琥とリングネームを改めて、SEAdLINNNGで復帰戦を行った)

正直なことをいえば、私は彼女たちが仲が悪いということは聞いていたけれど、「仲があまりよくない」程度の認識しかなかったんです。私自身は世Ⅳ虎と同じチームだったたし、彼女の言い分しか聞いていませんけど、そこまで確執があるとは知りませんでした。

二人の試合の話をする前に、その2月22日の大会について振り返らせてください。というのも、この日は私にとってエポックメイキングな日だったからです。

その日の私は、世Ⅳ虎の試合のひとつ前のセミファイナルで、当時保持していたハイスピード王座選手権の試合に出場していました。

相手はコグマ(2015年9月退団→引退)という、1年半前にデビューした選手でした。彼女は愛らしいルックスと当時17歳の若さあふれる小気味よいファイトで人気が急上昇していましたが、キャリアでは私が6年半も先輩ですから負けるはずがありません。事実、その試合も私の方がリードしていたと思います。

ただ、私のどこかに隙があっただろうし、コグマの頑張りもあった。その結果、私、完璧にスリーカウントをとられて、負けてしまったんですよ。6年半も後輩の選手に。お客さんからしたら、いわゆる番狂わせだったのではないでしょうか。

だから、客席がドッカンって感じで沸いたんですよ。それまで後楽園ホールでは体感したことのないような盛り上がり方というか、とにかく沸いて。

それは、私は負けたけど、それだけコグマが頑張ったということであり、しかもお客さんが納得のする勝ち方をしたという証です。「これだったら、赤いベルトを10回防衛したイオが負けてもしょうがないよな」という説得力のある試合内容だったからでしょうか。

もちろん、すっごく悔しかったですよ！　だけど、なんでしょう？　清々しい気持ちというか、後輩の成長が嬉しいというか、自分のプロレス観がいい意味で変わった敗戦だったんですね。それは、客席が盛り上がったことで、私は試合で負けても何かを残せる選手になった、負けることに価値がある選手になったんだなという、自分自身の成長みたいなものを感じられたからかもしれません。

ある意味、勝つことでしか存在を示せなかった王者時代では得られない感動というか、空気を感じて、本当にプロレスって奥が深いんだと思えたんです。

さて、世Ⅳ虎 vs 安川悪斗の試合ですが、自分の試合を終えて急いで世Ⅳ虎のセコンドについて、試合を見ていました。たしかに、荒れた試合になるだろうなという雰囲気はありましたよ。だけど、まさか、あんなことになるとは誰も思っていなかったですよ。それは私も含めて。全部が悪い方向へ行ってしまったというか……。

私たちセコンドとしても、「え?」って思ったら対戦相手の顔がみるみるうちに腫れて。たぶん、お客さんと同じで「え? なに? なんで?」と思いました、最初は。だけど、相手側のセコンドだった木村響子さんが血相を変えてレフェリーの和田京平さんに何かを訴えているし、そのうち、客席もざわつき始めた。不穏な空気が流れて、とてもじゃないけど試合にならない……。

セコンドの私たちも世Ⅳ虎をなだめようとしたのかな? とにかくバタバタしていたので、あまり明確に覚えていないのですが、あの試合はひとまず世Ⅳ虎の勝ちということになって、小川社長からベルトを受け取っているのですが、その時に社長が「なんてことをしてくれたんだ!」って世Ⅳ虎に迫っていたし、当の世Ⅳ虎はまだ興奮しているようでした。だから、セコンド全員で、ひとまず世Ⅳ虎を控室に戻したんですよ。

リングの上で握ったマイク

それで、ふと思ったのが、私たちも対戦者側も全員で控室に引き返してしまったからリング上に誰もいない。つまり、お客さんを放置してしまっていることに気が付いて、私は慌ててリングに向かったんです。すると、レフェリーの和田京平さんが「オマエが(大会を)締

2015年2月22日、世Ⅳ虎vs安川惡斗戦の後、会場の空気を変えるために、マイクを握ったイオ。隣にいるのが、この日、ハイスピード王座を獲得したコグマ（引退）だ（撮影：柳原裕介）

めろ」って言ってきて。

正直なことを言ってしまえば、マイッタなぁ〜って思いましたよ。あまりにも突然過ぎて、私たちもショックを受けているし、その雰囲気の中で話すこともはばかられたし。だけど、お客さんは何かを求めてきているし、何かを見たくてお金を払ってきてくださっている。その何かがメインのタイトルマッチだったという人も多いことは分かっていました。だから、とにかく、何かを話さなくては……という焦燥感の中でマイクを握ったのを覚えています。

でも、私ができたことは、その試合がなんでそうなってしまったのかという、私なりの説明。お客さんをモヤモヤさせてしまったことへの謝罪。そして、それに対し

最後はコグマがマイクを持ち、スターダムの「S」を作って締めた。ファンをこれ以上不安にさせないために、リングに上がった選手たちは努めて明るく振る舞った（撮影：柳原裕介）

て、今後、どうするかといったら、私は自分自身が、みなさんに抱かせてしまったモヤモヤした気持ちを払拭してみせます、だから今後もスターダムから目を離さないでください、私が約束します、という約束……それが精いっぱいでした。

そして、最後はショッキングな形になってしまったけど、セミファイナルで、こんなにも希望のある新しいチャンピオンが生まれたことも忘れないでくださいという意味を込めて、「セミファイナルで、今日、私とコグマは正々堂々とプロレスができたと思っています。だから今日は、メインに代わってコグマが締めてくれればいいのかなと思います」って言いました。それで、最後は私に勝ったコグマに締めさせたんです。絶望の中の希望を見せたかったから……。

あのマイクを握っていた時、私の頭の中には、あるシーンがフラッシュバックしていました。それは冤罪事件の後に新木場のリングで復帰をしたいと訴え、決まった日（2012年6月26日）のことです。恐かったですよ、マイクを握るのは。あの日もこの日もお客さんの目が恐かったです。だけど、本当にありがたいことに賛同してくださって、温かい拍手をくださった方がいて、それが新木場で復帰を宣言した日に重なったんですね。

だから、お客さんに言うべきだと思ったんです。後楽園ホールが変な空気になってマイクでしゃべるのは恐かったし、ここで私は十字架を背負うだろうって分かっていても。そして、リング上でそう宣言したからには率先して支えていこうという覚悟もありました。

あの事件はあってはいけないことですが、結果としては、あの事件があったからこそ2015年2月23日以降のスターダムは充実したのだと思います。去った仲間もたくさんいたけど、残ったみんなが一丸になれた。まさにピンチはチャンスだと実感しました。

もちろん、去った仲間には言いたいこともありますよ。

私はけっこう、辞めようとしている選手を止める派です。仲間として、一個人として、引き止めることもある。その人にとって、その選択が〝逃げ〟だと感じたら引き留めることが多いかな。それは、私自身が逃げなかったから今があるって実感しているから。辛いこともあったけど、その先に幸せがあったのは逃げなかったからって、胸を張って言えるから。だけど、まぁ、最後は自分で決めるのが最善だと思っていますが……。

事件がスターダムを強くした

2015年春からのスターダムは私に岩谷麻優、宝城カイリを加えた通称〝スリーダム〟が中心になりました。気が付けば、この時、スターダムの中で一番のキャリアを持っているのが私になっていて、チャンピオン時代とは違った責任感がのしかかってきました。

でも、2月22日のリング上で言ったことを嘘にしたくなかったし、あのモヤモヤを払拭させるには覚悟するしかないなって、思っていました。

それは、嬉しいことに私だけではなく、残ったみんなにあったと思います。

あの当時、よく、マスコミさんから「今のスターダムはまとまってるね！」って評価をされていましたけど、まとまらざるを得ないというのが現状でした。

少なくなった人数で、どのように大会を盛り上げていくか？　それをみんなで考えたからこそ、宝城カイリが一気にブレイクしたんだと思います。そして、みんながそのポテンシャルの高さは知っていたけど、なかなか開花しなかった岩谷麻優の実力も表に出るようになって。みんなが成長したのは、立場が人を作るんだって実感した時期ですね。

紫雷イオ流チャンスの掴み方

また、この時に思ったのは、いかにチャンスを掴むか、ってことですよ。

それが、ピンチから生じたものでも、ある日、イレギュラーでポトンと落ちてきたものでも、それをいかに見逃さないで掴むか？　私自身はチャンスって頑張っている人に必ず廻ってくるものだと思っています。もちろん、チャンスを棒に振ったり、ものにできない人もいます。だけど、一丸だったら、一人が逃したとしても、チャンスを掴んだ他の人がフォローできるじゃないですか？　でも、チャンスの見極め方が難しいことも事実で、今は損をしても後で何十倍にもなって返ってくることもありますし、その場の損得勘定だけでは測れませんよね。これは、もう、直感を信じるしかないというか。

ただ、私の経験上、ひとつ言えるのは、すべてを自分のものにしようとするとチャンスって逃げていくということです。

たとえば、プロレスの試合でタッグマッチがあります。ここでキャリア10年の私がキャリア3年の後輩レスラーと組んだとしましょう。さらに、その後輩とは何度もタッグを組んでいて、得意のフィニッシュパターンがあって、いつも私がフォールを取って勝っている。それが当たり前だという状況だとします。

ところが、ある日の試合で後輩が有利な展開でフォールを取って勝てそうな雰囲気になったとしましょう。実はこういう時に限って、自分が先輩だからと後輩とタッチして、いわゆるオイシイところを奪う選手が多いんです、女子プロレス界には。だけど、私はそれをしません。後輩に任せます。だって、空気を読まずにそれを遮断してしまえば、たとえ勝ったとしてもあまりにも私が出過ぎて「またイオかよ！」となるじゃないですか。いつもと同じ勝ち方では飽きられてしまうじゃないですか？　その結果、私だけではなく団体も飽きられて……となったら目も当てられません。

つまり、〝私が！　私が！〟と、すべてのチャンスを掴もうとするほど、チャンスを逃がしていると私は思います。それだったら、たとえ、その後輩が逆転負けをしても、それまでとは違う流れを見せられて、お客さんには新鮮に映るんじゃないかな？　それで奮闘した後輩の評価が上がったら、それはそれでチャンスじゃないですか？　後輩にとっても、団体にとっても、そして、そこに所属している自分にとってもチャンスになると思います。損して得取れ、という考えこそが私のチャンスの掴み方です。

あの当時のスターダムは、それができたから盛り返せたんだと思います。そうやって、あの時に私たちが掴んだチャンスが２０１３年下半期からの快進撃につながりました。

全員の勝利で王座再戴冠

２月22日の一件で世Ⅳ虎が保持していたワールド・オブ・スターダムのベルトは返上となり、空位となります。そこで３月29日に４人参加のトーナメントが開催されて、私は決勝に進出しましたが、同じく決勝に勝ち上がってきた宝城カイリに敗れました。

この結果、彼女が第５代王者になりましたが、２月23日以降の彼女の頑張りを見ていたら納得でしたし、あっぱれです。まぁ、私は赤いベルトが遠のきましたが……。

しかし、７月26日にタイトルが移動します。第６代王者は、あの里村明衣子選手です。これによって、スターダムの至宝が他団体へ流出することになりました。やっぱり、悔しかったし、悲しかったですよ。新王者が、たとえプロレスラーとして尊敬する里村選手だったとしても。

だからこそ、その年の最後の大会（２０１５年12月23日　後楽園ホール）で里村さんの赤いベルトへの挑戦が決まった時は「絶対に取り戻す！」という気持ちでした。

私、この試合で岩谷麻優と宝城カイリの得意技を使って里村選手をグロッキーにさせて、最後は必殺技のムーンサルトプレスにつないで勝っているんですよね。だから、勝ったのは私だけど、〝私たち〟で勝ったと思っています。

年が明けて2016年になると海外遠征を行ったり、スターダムのことを地上波で取り上げていただくなど、チャンスが続々舞い込んできたものの……なんていうのでしょうか？　安定し過ぎているというか、私個人としては〝このままだと飽きられる〟みたいなことを思い始めました。

たとえば、私がこの本を書いている今現在、前人未到のV14を達成して保持しているワールド・オブ・スターダム王座のベルトも挑戦者が一巡した感があることも否めません。一巡どころか、二回挑戦している選手もいます。

もちろん、同じ相手だからといって油断はできないですし、二度目だからこそ、前回とは違った勝ち方を見せて、お客さんを満足させる。それが真のチャンピオンだと思っています。その結果がV14という数字になったって自負もしています。これから、どのようにベルトの価値を上げていくのか？　それは、やはり、防衛回数を重ねることもそうだし、試合内容を高めることもそうだと思います。

2013年4月29日に赤いベルトを奪取して苦しんでいた自分に言いたいのは、やっぱり、覚悟を決めて逃げ出さなければ栄光はつかめる、ということですね。

2015年12月3日、里村明衣子から至宝奪還。新生スターダムの幕開となった（撮影：柳原裕介）

【特別対談2】

「紫雷イオ×ブル中野
(女子プロレス界のリビングレジェンド、世界の女帝)」

紫雷イオはスターダム移籍当初、目立たない存在だったが、その頃から「この子はすごくなる!」と目にかけていたのが女子プロレス界のレジェンドであるブル中野さんだ。現役時代は日本だけではなく、アメリカなどワールドワイドに活躍された中野さん。元女子プロレスラーから見たイオのスゴさとは、どこにあるのだろう? 現在、中野さんが経営されている『中野のぶるちゃん』に伺い、イオ本人が直撃してみることに……。

若手時代から才能に注目

イオ 本日はお願いします!

ブル よろしくね(ニッコリ)。

イオ もぉ、ブル様、いつもお美しくて……すみません、すごく緊張しています(苦笑)。

ブル 褒めても何も出ないよ(笑)。

イオ ブルさんと私の接点は……。

ブル 私がスターダムの中継(FIGHTING TVサムライにてオンエア中)の解説をするようになってからだよね。

イオ 初めて私の試合を見てくださったのは会場ですか?

ブル いや、スタジオで映像だったのね。それを見ながら解説を入れていくんだけど……。

イオ (緊張気味に)いかがでした?

ブル まだ(高橋)奈苗がいる頃だから、けっこう前よね? その当時は奈苗を筆頭に、その下に何人もの選手がいる状況で……。

イオ 私、まだアンダーカードというか、あまり主要なカードに絡んでいない時ですよね?

女子プロファンが集まるバー「中野のぶるちゃん」にて。レジェンドが見た紫雷イオとは？

ブル　そうそう、その時期。でも、今みたいに立派なチャンピオンになる前から……。

イオ　立派だなんて言っていただけると光栄過ぎて緊張しますね（照れ笑い）。

ブル　その頃から何でもできる選手でスゴイ子だなぁ～って思っていたんだけど、その後の両国の大会でチャンピオンになったじゃない？　しかも大きな外国人選手を相手にして。

イオ　（苦笑しながら）試合は最悪の内容でしたけど。

ブル　それでも（ワールド・オブ・スターダムの）チャンピオンになって、やっぱり、すごいわ～って思ったの。姉妹じゃなく、独り立ちして、これからすごくよくなっていくのかなぁって、期待してたの。あとは、ほら、あの事件を乗り越えてカムバックしてのチャンピオンでしょ？　スゴイとしか言いようがないなぁって思ったもの。

イオ　そう言ってくださると恐縮ですね……。だけど、両国大会以前の試合を見ていただいて、よく言っていただけるのは意外でした。あの頃、ダメダメだったので、もっと厳しく言われるかと思っていたので……。

ブル　え～、そうなの？　そんなことない、そんなことない（ニッコリ）。いや、でも、初めて見たイオの試合って、

「この子、どんな運動神経してんのよ！」って驚いたのが第一印象でね。だって、何でもできたじゃない？

イオ　（ニヤニヤしながら）ありがとうございます。嬉しい……。

ブル　でもね、その時はトップじゃなかったから試合で全部できない、全部出し切れなかったかもしれないけど、とにかくすごいんだろうなって。

ブル様も感じたチャンピオンの重圧

イオ　いや〜……ありがたいですねぇ、実際は何もできていなかったので（笑）。できるようになったというか、多少、今に近付いたのはベルトを巻いてからですから……。それまで、いや、ベルトを巻いてからも失敗したり、落ち込んだりしつつ、できるようになって。チャンピオンって、こんなに難しいんだなって、その時、初めて学びました。巻くまで分からなかったですから。

ブル　あぁ、なるほどね〜。

イオ　だから、ブルさんがトップにいた全女の厳し過ぎた時代のチャンピオンって、どれほど厳しかったんだろうって。当時はいかがでしたか？

ブル　いやいや、今のほうが厳しいと思うの。なんでかっていうと、まず、今のスターダムの場合は、毎月、毎月、後楽園大会があるじゃない？　たぶん、そこで毎月のように赤いベルトの防衛戦が組まれているでしょ？

イオ　そうですね。

ブル　全女はたしかに試合数はあったよ。年間に300試合とかあるにはあったけど、タイトルマッチは毎月あったわけじゃないもの。防衛戦は半年に1回。スパンが短くても3ヶ月に1回とかだったのね。

イオ　あ、そうだったんですね！

ブル　うん。それが毎月でしょ？　1ヶ月に1回の計算でチャンピオンとしての試合を見せなくてはいけない。お客さんに「この人は王者なんだ」と思わせる試合を見せなくてはいけないというのは、絶対に辛いって！　それほどベルトのプレッシャーって重いじゃない？

イオ　そうですね。とくに最初に巻いた時の初期の防衛戦は、試合後に落ち込むことが多かったです。

ブル　そういう気持ちの中で、10回防衛したり（取材時点で）、今は14回だっけ？　それだけ防衛するのは、どんだけのプレッシャーなんだろうって思うよ。

イオ　あれだけすごいタフな試合をしていたブル様でも

真剣な眼差しでブル様の話を聞くイオ。チャンピオンはいつの時代も重圧と戦っていたのだ。

プレッシャーを？

ブル　すごかった、すごかった。今、思い返すと、そりゃあ一番になろうと思って頑張ってきたけれど、思い返してみたら、「いつかチャンピオンになるんだ！」って思っていた新人の頃が一番幸せだったたわ（笑）。それがポジションが上がっていくと、どんどんプレッシャーが大きくなるじゃない？　追いつかれる立場になるほど辛いじゃない？

イオ　まさに、そうです。とくにブルさんが現役だった時代は女子プロレス自体が人気があり過ぎたと思うので、下の世代の選手もたくさんいて、突き上げが……。

ブル　ハンパじゃなかった！（笑）

イオ　下からの突き上げは今もありますけど、ブルさんのいた頃に比べると大したことじゃないと思うんです。だって、ブルさんの現役時代はオーディションで何千人もの応募があったんですよね？　もしも自分がって思うと、それを想像するだけでゲッソリします……。

ブル　（笑）だから、私も行き詰ったというか。たとえば、（フィニッシュムーブの）ギロチンドロップで勝った。でも、次はギロチンドロップを返されたから、回転ギロチンで勝つ。それも返されるようになると、次はムーンサルトプレス……って、どんどんどん新しくしていかなくてはいけないという、下の突き上げが激しくなるほどにね。

イオ　考えるだけでもやっぱり、ゲッソリします（苦笑）。

紫雷イオと闘いたかった

ブル　でも、今のイオの素晴らしいところはムーンサルトを返されたとしても、次にもう一発ムーンサルトをやれば勝てるじゃない？　それってムーンサルトプレスという技を大事に使っているし、ムーンサルトでフィニッシュを取るように、そこから逆算して試合を組み立てているでしょ？

イオ　たしかに……。でも、それを考えて、実際にできるようになったのは、本当につい最近です。ありがたいことに今は私の代名詞的になっていますけど、最初はムーンサルトで勝てなかったですし、フィニッシャーじゃなかったですから。だから、勝てなかった技を勝てるように試合を組み立てたりするのが大変でしたけどね。

ブル　それが分かるの、イオからは。ムーンサルトプレスで勝つための勉強をしているなって。

イオ　出せる時に技を出して返されて後がなくなることが一番、恐いかもしれないです。出しどころを考えるのが一番、難しいです。

ブル　たとえば、今、スターダムにはトニー・ストームというギロチンドロップをフィニッシャーにしている選手がいるでしょ？　彼女もたぶん、逆算して試合を組み立てている派で。私もギロチンドロップにこだわって、そうやって試合を組み立てていけば、もっと早くチャンピオンになれたのにって思うもん。それに、私もムーンサルトプレスをやっていたけど、イオには敵わない！

イオ　いやいや、私も映像でしか見ていませんが、あんな迫力のあり過ぎるムーンサルトプレスはないですよ！　というか、ムーンサルトに限らず全部の技の迫力が……。同じ時代でなくて助かりました（笑）。

ブル　いや、私が現役の時代にイオがいたら、すごいことになっていたよ！　スーパースターになっていたし、女子プロレスも変わっていただろうし。私は闘ってみたかった。

イオ　いやいや、闘ったら大変なことになりますから、私はタッグのほうが（笑）。ブルさんにそう言っていただけるのは、すごく光栄ですが想像すると恐いです（笑）。

ブル　（笑）金網（デスマッチ）、やってみたかったよ。

イオ　金網マッチはやってみたいですけど……。ブルさんのあの金網最上段から飛んだシーンは、プロレスファンならば誰もが知っている伝説のシーンじゃないですか？　私も金網の上からムーンサルトをやってみたい気持ちはありますが……。

ブル　イオだったら2回転できるんじゃない？

イオ　それで顔をマットに強打するというオチになりそうです（笑）。

ブル　逆に伝説になりそうだわ（笑）。

イオ　でも、あの高さから飛ぶというのは、ちょっと想像が……。

ブル　後楽園ホールの南側の客席の入り口の高くなっている縁（へり）のところから飛ぶでしょ？

イオ　高さや安定性は金網の上とは比にならないですけど……一番、高いところから飛んだのはアメリカに遠征した時の会場でステージの上からですね。3メートルくらいありました。

ブル　じゃあ、金網と同じだ。

イオ　私、それ以前に、金網の上まで登れるのかな～って（笑）。

ブル　私、レガースはしていたけど、シューズは履かないで素足で闘っていたじゃない？　で、金網の上に行くのに、金網の網目を踏んで登るんだけど、あれって針金を絡ませて網を作っているから、その隙間に皮膚が挟まってね……それが一番痛かった！（笑）

女子プロレスにおける日米の差

イオ　（笑）たしかに痛そうです！　それで、ブルさんといえば、日本だけではなくアメリカでも活躍されていますけど、当時、日本の女子プロレスとのギャップとかカルチャーショックは受けましたか？

ブル　もちろん、あったわよ。あのね……アメリカのプロレスって、こんなにラクしていいんだ！　みたいな。
イオ　え？　ラク、なんですか？
ブル　それだけ全女の試合がハードだったってことだけど。当時の全女は負けるという意味でも、試合中にヘタなことをしてしまうという意味でも、ひとつ落としたら明日はないという世界だったのね。それが、私、アメリカに全女の技術を持っていったら、何をやっても会場が沸くのよ。ものすごく盛り上がるの。
イオ　あぁ、なるほど……。
ブル　逆に細かいテクニックを見せようと少しでも難しいことをすると、シーンと静まり返っちゃうんだけどね。
イオ　へぇ～……ちょっと驚きです。
ブル　感覚としてはレコードプレーヤーしかないのに、CDを持って行っちゃった感じでね。同じ音楽を聴くにしても、機械の技術を落とさないと楽しめないように、レベルを少し落とさないとお客さんがついてこれない……それはラクよね？　全女時代よりも消耗しないし、基本的には大きくアピールして、分かりやすくすればよかったから。
イオ　海外では、そうかもしれませんね。
ブル　でも、今までやってきたことを崩していく作業も難しかったけどね。恐かったのよ、崩すことが。

イオ　恐かった、ですか？
ブル　ずっとアメリカでやっていくのであれば、そこに合わせたけど、私の場合は全女に帰ることが決まっていたから、アメリカに慣れてしまって、全女でやっていけるのかなって。このままアメリカの試合を持ち込んでも、日本で通じなくなるだろうって。それが、すごく恐かった。でも、それは当時の話であって、今はそんなにギャップはないと思うけどね。
イオ　なるほど～。
ブル　たとえば、これまでにイオはいろいろな国で試合をしているけど、会場で手応えを感じるでしょ？
イオ　感じますけど、やはり海外の試合は相手次第ですよね。なかにはいい選手もいますけど、とんでもなくやりにくい選手も多いですから。あとはリングのコンディションが悪く、ロープが緩くてスワンダイブを見せられないとか。そういうことが多々ありますよね、海外の試合は。

世界の紫雷イオになれ！

ブル　なるほどね～。ところで、イオはいろいろな噂があるけど、アメリカ、行くの？

イオ　いや、それは、今の時点（２０１７年５月下旬）では何とも言えないんです（苦笑）。

ブル　本人や周囲のこともあるだろうけど、私は世界に羽ばたいてほしいの。あの団体に行ったら……一発で大ブレイクでしょ！　イオの試合はキャッチーだし、全世界が「なんだ？　なんだ？」ってなるよ。そうだな～、私が中学生の時に初代タイガーマスクの試合を見た衝撃と同じじゃないかな？

イオ　……そんな言葉をいただけるとは思ってもみなかったので、今、鳥肌が立っています（照笑）。というか、これだけブルさんに褒めていただいて、仮に行ったとして大コケしたら、ブルさんに大恥をかかせることになりますからね、そこは肝に銘じておきます。

ブル　大丈夫！　今のイオだったら、どこの世界、どこのリングでもトップになれるから。

イオ　まさか、この対談でブル様に、そこまで言っていただけるとは感激です！　私、ブルさんの尊敬できるところは、現役中のこともそうなのですが、引退されて、とてもお幸せそうじゃないですか！　いつも言っていることですが、現役後の生き方も尊敬できる方です。

ブル　ありがとうございます（笑）。

イオ　お会いするたびに、どうすれば女性として幸せな生き方をできるのかお伺いしたかったんです。だって、とてもお美しくて……それって、絶対に素敵な女性ライフを送られていると思うんです。

ブル　いやいや、そんなことは……（笑）。だって、私、現役の頃は絶対に結婚しないと思っていたし、ずっと一人でいると思ってたの。それで、プロレスを辞めて、ゴルフを始めたりして、その中で人間として成長できたのかな？　その過程で、自分が無理しないで付き合える人にたまたま出会えただけなのよ。

イオ ゴルフをやったら出会えるんですか？

ブル いや、私はその後に通っていたムエタイのジムで旦那さんと知り合ったの。

イオ じゃあ、ムエタイで……って（笑）。でも、そう言いたくなるほど、お幸せそうで……ブルさんを見ていると、私、本当に羨ましくなってくるんです。

ブル 私もイオには幸せになってほしいよ。でも、その前にプロレスラーとしてやらなきゃいけないこともあるでしょう。イオにはプロレスラーとしての生きざまを見せてほしいのね。あくまでも私の意見だけど、イオの下の世代が育って、イオを突き上げて。それでも、ボロボロになったとしても生きざまを見せてほしいの。今、そういうことができる選手がいないじゃない？　それで、そこから立ち上がる姿も見せてほしいなって。それほどね、人間としても魅力的だと思っているから、イオのことは。

イオ また鳥肌が立っちゃいましたよ……。

ブル 私ね、アントニオ猪木さんが大好きなのね。猪木さんも試合というか、入場の時から登場するだけで、今までの人生が見えてくる感じがして、見ているだけで涙が出てきちゃうの。涙を流すって恥ずかしい部分もあるじゃない？　だから、人に感動の涙を流させる存在ってすごいのよ。で、イオはそこまでいきそうな気がするし、ぜひ、そうなってもらいたいの。そうなったら、その涙を流した人は一生、イオのファンになると思うよ。

イオ ありがた過ぎて、どのように答えていいのか……。今日、こうやって数々の伝説を残されてきたブルさんと対談ができてすごく勉強になりました。私も伝説を残せるように頑張ります！

ブル 絶対に残せるって！　だから、これから先のことは……どこでも胸を張って、「世界の紫雷イオ！」って言えるようになってね！　すごく期待しているから！

イオ ありがとうございます！

ブル中野（ぶる・なかの）
1968年、埼玉県生まれ。1983年に全日本女子プロレスに入団。ダンプ松本引退後、WWWA 世界シングル王座を獲得しトップの座に君臨。伝説の金網マッチを含むアジャコングとの抗争はファンを熱狂させた。94年には日本人初のWWF 女子世界王座を奪取。現在は東京都中野区でバー「中野のぶるちゃん」を経営。［中野のぶるちゃん］【住所】東京都中野区中野5-46-4 慶 NAKANO ビル B101【営業時間】19 ～ 24時【URL】http://victory-inc.co.jp/bullchan/

第五章

紫雷イオの〝これから〟について

これからやってみたいプロレス

10周年記念本ということですが、過去を振り返ってばかりでもつまらないし、私の将来でみなさんも気になることがあると思います。この章では、紫雷イオの〝これから〟について触れてみたいと思います。

これから……やりたいことはたくさんありますよ。

たとえば、以前に週刊プロレスの連載で、ＤＤＴさんのヨシヒコ選手（ヨシヒコ：ＤＤＴプロレスリングに所属する空気人形プロレスラー）と闘いたいと書いたら意外な反響があったけど、私はやりたいですよ！

だって、あのヨシヒコ選手に私のどの技が通用するのか気になりませんか？（もしかして、私だけですかね？）あのヨシヒコ選手のカラダにムーンサルトプレスを仕掛けたら、どんなリアクションをするのか？　そういう意味で新しい世界が広がりそうじゃないですか？だから、私はやってみたいんです。

あと、今回、この本でブル中野さんと対談しましたが、ブルさんの代名詞である金網マッチも体験してみたいですよ。それにＴＬＣ（リング上に公認凶器としてテーブル、ラダー

〈はしご〉、チェアー〈いす〉を持ち込んで闘う試合形式）もやってみたいです。

たとえば、金網やラダーのてっぺんからムーンサルトを決行する紫雷イオって、おもしろいと思いませんか？　私自身が見てみたいです。テーブルは……何度か叩きつけられたこともあって、その痛さを知っているので誰かにやってみたいかも……。イスに関しては、実は最近、試合に反則攻撃も取り入れていてけっこう使ってるので問題はないでしょう。

そう書くと、「デスマッチはどうですか？」という話になりますが、有刺鉄線や蛍光灯を使う試合は、私の場合、絶対にないです。

まず、身体を傷だらけにしたくないですし、気持ちが伴わない。あのリングに上がっていいのは覚悟を決めた人間だけで、「1回くらい、経験しておくか」的な軽い気持ちでは絶対に入ってはいけないものですよ。生半可な気持ちで臨んでは、そこにすべてを賭けている選手たちに失礼にもほどがあります。それが私のデスマッチ論です。

たとえば、金網のてっぺんから飛ぶ自分は想像できるし、「こうしよう！」というアイデアも浮かんできますが、デスマッチは想像もできないし、予想のしようもない。コミカルな試合形式も同じです。覚悟も持てないし、踏み入れてはいけない世界なんです、私には。もちろん、プロレスにはいろいろな形がありますし、だからこそ、デスマッチファイターと呼ばれている選手やコミカル系の選手はすごいと思っています。

海外で戦うことは楽しい

これは今までもやってきていることですが、もっと海外で試合をしてみたいですね。これまで行ったことのあるメキシコ、アメリカ、イギリス、スペインはもちろんですけど、行ったことのない国や地域でも試合をしてみたいです。

そもそも海外の団体で活躍したいという願望があって、デビュー4年目でメキシコに行って。苦しかったし、死ぬかと思ったことも多々あったけど、それが刺激的でもあり、海外で試合をすることに目覚めたから、最近、いろいろな国からのオファーがあることは嬉しい限りです。

海外での試合の醍醐味は……最近でこそ動画サイトで私の試合を見ることができるので、紫雷イオを知っているから見にきている方も増えています。だけど、私を知らないで「なんだ、あの東洋人の娘は！」って思われたり、私自身も知らない町で自分のプロレスを見せるのが楽しいんですよ。

そういえば、スターダムに所属してからは減りましたが、フリーだった頃はよくイベントプロレスに呼ばれました。男子の団体の提供試合みたいな感じで、ラインナップされること

2016年5月にヨーロッパ遠征を決行。激しいファイトでファンを唸らせた（撮影：柳原裕介）

が多かったのかな？　私自身も屋外のイベント会場とかでプロレスをやるのは好きだったりします。

そもそも私の試合って、分かりやすいじゃないですか？

そんなに大きくない女の子が飛んだり跳ねたりする試合だし。また、私自身もそういう場所では、そういう試合を心がけていますし。だから会場が盛り上がったり、お客さんからどよめきが上がった時は、快感がありますね。とくに知らない場所での試合は。お祭りなどで行われるイベントプロレスは、そういう空気を体感できるので楽しいですね。

お客さんが私を知らないということは、単純に試合内容だけが評価されるわけです。だから技術で会場を沸かせた時の達成感といったら！　それを求めているから、海外で試合をしたいという欲があるのかもしれません。

海外ではブーイングを浴びることもありますけど、私は大歓迎ですよ。逆に燃えます！

初めてのメキシコ遠征でヒール（悪役のこと。メキシコでは男子レスラーはルード。女子レスラーはルーダと呼ばれる）になって、ものすごいブーイングを喰らったんですけど、マスクをかぶっていたこともあって別人格になれるんですかね？　ブーイングされるのが楽しくて、客席を煽ってしまいました。

お客さんにブーイングを出させるということは、それだけ会場を沸かせている証でもあるし、海外では私は外敵になるので、むしろブーイングをさせなきゃいけないんですよね。さすがに、日本ではあまりブーイングを受けませんが……。

あ、ありましたね、アイスリボンという団体に麻優と乗り込んだ時（2016年3月12日）に。もっとブーイングをもらってもよかったし、結果的には流れたけど、試合はやりたかったですよ。それは小川社長にも伝えていたし、私たちは覚悟をしていたし逃げるつもりもなかったですよ。実現していたら違うサンダーロックを見せられると思ったから、麻優とやる気満々だったんですけどね……ま、過ぎたことはいいですね。

メキシコには何度も遠征。その美しい空中技に本場のルチャマニアも沸く（撮影：大川昇）

リングで〝仕掛けられる〟ということ

ただ、海外での試合となると、いわゆる〝仕掛けられる〟ことが多々あります。

〝仕掛けられる〟というのは、明らかな反則行為だったり、プロレスのルールの範疇を超えた攻撃、たとえば、こめかみや眉間などの急所をあえて狙った攻撃のことです。

私自身、けっこう仕掛けられましたね。たとえば、日本から一緒にマスコミさんがきていた大会があって、現地の選手も私に恥をかかせてやろうと思ったのでしょう。顔の変なところにドロップキックを打ってきて流血させられたり……。あとは、レフェリーや観客からは見えないところで細かい反則を仕掛けられることなんて、しょっちゅうですよ。

外国で仕掛けられるのは、ある意味で仕方ないと理解しています。

最近ではゲスト参戦という形で試合に出場するケースが多いですけど、それでも、私が出場することによって、その日の試合に出ることができなかった選手が出てくるわけです。自分が座ろうとしていたイスが1つ奪われそうになるのだから、奪い返して当然ですよね。だから、仕方ない。

フリーで参戦していたら、私だってそのリングで食べていくために必死に居場所を奪おうと思うだろうし、その場所に元々いた選手も必死に守ろうとするはずです。それが不穏なこ

海外の試合は難しさもある。ヨーロッパ遠征では出血するシーンも（撮影：柳原裕介）

とにつながるのは、ある意味ではレスラーとしては正しいですよ。アッサリと譲るだなんて、そんなハートの弱さでは、この世界でやっていけないですよ。

だから、仕方ないと思うけど、そこで負けるわけにはいかない。私は逃げない人間ですから、仕掛けられても「どうぞ、イスを奪ってみてください。奪わせませんけど」という覚悟を見せますね。

あとは冷静さを失わないこともポイントです。海外の女子レスラーの中には、やたらと技を受けたがらなかったり、思わず「ふざけんなよ、この下手くそ」って言いたくなるような選手がいます。まぁ、それはプロレス以外の仕事で生計を立てている、つまり、副業でプロレスをしていることがほとんどだから、仕方ないのかもしれませんが……。

もちろん、日本でも仕掛けられたことはありますよ。たとえば、フォールをされて私がキックアウト（フォールを返す）して、その選手が離れ際に、わざとこめかみをかかとで蹴ってきたんですね。あとは試合中に舌打ちをされたり、マナー違反なことをされたり……そういうことは駆け出しの頃もそうだし、チャンピオンになってからもありましたね。まぁ、デビュー当時の私はご存知のようにチャラチャラした感じでリングに上がっていましたから、そこら辺も要因だとは思いますけど……。ただ、幸いにも私はあまりカッとならないタイプですから、「なんだ、こいつ？」とは思っても冷静に対処しますね。でも……後になってイライラするというのは鈍感なのでしょうか（苦笑）。

自分よりキャリアのある選手にそういうことをされると、海外の時と同じで「あぁ、この選手は自分より若い選手にイスを奪われるのが恐いんだな」って思いますし、今となっては、自分がその席を脅かす存在に成長していたのかなって思いますけどね。

とにかく仕掛けられたら流すようにしています。私に流されるあなたが惨めになるだけですよ、みたいな感じです。

追い求めるレスラー像

だから、王者となった今、私は構えるというか、王者としての余裕を見せていたいと思います。もちろん、それは試合で相手を見下すという意味ではありません。そうしてしまったら、それこそ自分が惨めなだけですからね。

もちろん、私自身が答えという答えを見つけていませんし、「王者らしさとはコレだ！」と言い切れるものを掴めていません。それでも、第四章でも書いていますが、プロレスラー、チャンピオンである前にいち社会人としてのマナーや振る舞い、身だしなみに気を付けるのはリングを下りてからの最低限のことです。

そして、リング上でのことは、まず、当たり前だし最低限のことですけど、お客さんや他の選手から見ても、「紫雷イオはシッカリとトレーニングしているな」と思わせることですよね。

威張って言えることではありませんが、デビュー当時の私のトレーニング量といったら……少な過ぎるどころか、していないに等しいです。フリーだったから、トレーニング場所がなかったというのは言い訳です。試合をすることで覚えたというと偉そうですが、それしかなかったんです。でも、それだと試合数の分しか覚えられないので、最低限のことですよね。だから、シッカリとトレーニングをするようになったのはスターダムに入団してからです、恥ずかしいお話ですが……。

また、トレーニングによって自分に適した技がどういうものなのかも分かってきます。実は、私には、まだ出していない技でチャレンジしたい技がたくさんあります。この先に出した時に驚いていただきたいので、それがどんな技かは書きませんが、まだ出さない理由のひとつとして、それが完ぺきな状態ではないからです。そういうものをお客さんに見せることは、プロとしていかがなものかと思いますから……。

もちろん、その中で諦めた技もありますよ。たとえば、ファイヤーバードスプラッシュは、回転はできるのですが、私の場合は身体が柔らかすぎて、プレスした後の姿勢がよろしくないんです。練習をして、そう思ったので諦めました、このように技の選定をしていくこともプロとしてのこだわりです。

あとはリングコスチュームにも、プロとして、チャンピオンとして気を配るようにしています。正直言って、今のリングコスチュームは材質へのこだわりや、パーツが多いこともあって安くはないですよ。最低でも15万円はします。そして……自腹です。

この自腹云々は、あくまでもスターダムにおける話で、他の団体さんではどうなのかは知りません。ただ、これまでに私が見てきたこととしては、団体が製作してくれることもあれ

イオと言えば、セクシーなリングコスチューム。実はかなり高価だった!?（撮影：大川昇）

ば、選手個人のスポンサーさんが作るケースもあります。また、有志のファンの方が作るということもあるようです。

いずれにしても、スターダムは自腹ということで……。ただ、それだけキッチリと稼がせてもらっています、スターダムという団体には。その面ではプロでいさせてくれるということで、感謝しています。もちろん、カラダを張っている自負はありますけど、同世代の女性よりも稼げていると思うし、デビュー当時の1試合でいくらという状況で実家暮らしをしていたことを考えると、今は一人の社会人としても充分に生活できます。

〝プロ〟レスラーというからには、プロレスだけで生活することが当たり前といえば当たり前ですし、私はしっかりとやれば稼げる世界だと思います。おかげさまで、私自身は、16歳でデビューして以降、プロレスラー以外でのお仕事をしていません。これ、私のプロレスラーとしての誇りのひとつです。

海外マットへの挑戦について

海外の話も出たことですし、やはり、２０１６年の秋から２０１７年の今（5月）まで、私の周囲を騒がせている、そしてみなさんも気になっている海外への挑戦について書かなくてはいけませんよね？

海外から紫雷イオ、そして、スターダムのもう一人の選手にスカウトの声がかかっていると報道されたのは、２０１６年の11月でしたっけ？　アメリカのプロレスニュースのサイトが報じて日本でも騒ぎになりました。その後もこのサイトは私たちの契約の進捗状況を報じてきましたが、当の本人である私としては、「ふ〜ん、そうなんだ……」と他人事のように感じることがほとんどでした。

と、いうのも、もう一人の選手については、いつどのように、どんな内容でオファーがきたのかは一切知りませんが、私自身については、海外からのオファーがあったのは最初に報道された時期が初めてではなかったからです。

もちろん話せることと、そうでないことがありますが、２０１６年9月某日。私はロッシー小川社長に事務所に呼ばれたんです。

小川社長は、ああいう性格だからいつものように淡々と話し始めたと思います。

「海外からオファーの話がきたけどさ……」

もちろん、この時、社長は団体の名前を直接言っていましたが、私、最初はその言葉があの団体のことを指しているとは思えなかったんですよ、あまりにも現実味がなくて。それは、憧れていた時期もあったし、世界最高峰の舞台だって理解していたから、そこから紫雷イオにご指名がかかるなんて、想像もしていなかったですから。

社長の話によれば、数日前に向こうの関係者から連絡があって、「イオが欲しいという意向がある」と伝えてきたと。

その関係者というのは……、スターダムは外国人選手を多く招聘していますし、私たちも海外に出向き、現地のスタッフとも知り合いになっています。だから、その周辺にいる誰かが小川社長の連絡先を知っていて、あの団体に頼まれて連絡してきたんですかね？　とにかく、あの団体の関係者から直々にお話があったということです。

オファーを受けて揺れ動いた心

私としては突然過ぎる話ではありますし、すごくありがたい話ですけど、まずはスターダムのことを案じますよね。

当時のスターダムは、私たちサンダーロックがやや勢いを落としつつあったものの、宝城カイリが個性を全開にしてファンの方の支持を得ていましたし、美闘陽子も4年ぶりにカムバックして、波に乗り始めていた頃です。

さらに、新人もデビューしたり、デビューを控えていたりで、激動の時期が多かったスターダムにしては、珍しく安定期といってもよい状況でした。それでもスターダムのことを案じたのは、私自身、このリングにすべてを捧げようと決めていたし、それを実践してきたからです。

だけど……実はそれまでにも、かする程度ではありましたが、あの団体のトライアウトを受けられるかもしれないという話はありました。フリー時代のことですから、6、7年前のことです。

私自身、当時から海外の、言ってしまえば、あのリングに上がってみたいから、そこに少しでも目が届くようにメキシコのAAAとかに出場していたわけで。それが、姉から独り立ちしてメキシコに行くようになった理由のひとつでもあったので、トライアウトの話が出た時は心躍ったものです。

結局は、いつの間にか流れてしまって受けることもありませんでしたが……。だから、私とあの団体は縁がない。そう思っていたところに、いきなりオファーの話がきたのです。

だけど、私自身も、「まずはスターダム」という気持ちがありました。

それは、そもそも世界に紫雷イオの名前が届いたというのは、スターダムという団体のおかげですから。私がスターダムで成長してきたからこそ、そういったオファーの話が舞い込んできたことは分かっていますから。スターダムにはあの団体に限らず、世界各地のプロレス団体からオファーが届いていました。私たちがすべてを捧げてやってきたことが評価されているんだな、って嬉しい気持ちはありました。

このオファーは、スターダムという家があったから届いた話です。だから、嬉しかったし、光栄でしたけど、すぐにその話に飛びつこうとは思わなかったです。今の自分には、今の立場があるから……。当時はそう思ったのです。

だけど、そうこうしているうちに11月の報道です。

オファー云々に関しては、小川社長が認めたというのであれば、そういうことです。

そして、もう一人はこの5月に答えを出した。そういうことです。

ただ、今回、ある意味で、あの団体とのことが公になったことで、ニュースを見た人たちが気にしてくれたということは、紫雷イオも、こういうニュースで騒がれるようになったんだな～……と。

他人事のように書いてますけど、もちろん感慨深いですよ。

だって、男子のインディー中のインディーと言われていた団体だかプロモーションだかも曖昧なところでデビューした、プロレスを知らなかった16歳の少女が……。途中、事件で世間をお騒がせした22歳の女が……。デビューして10年後に世界最高峰のプロレス団体から声がかかるんですから……。「紫雷イオ、世界にきたか！」と思いましたし、そういうことが

14度目の防衛戦はトニー・ストームと対決（撮影：柳原裕介）

起こるのがプロレスなんです。

〝本当の〟これからについて

実は、この章を書いている時点で、私自身だけではなく、周囲も含めて時には猛スピードで、時には緩やかに……、つまり、目まぐるしく状況が変わっています。状況が変われば考え方も変わることがあるんだなと、最近、思います。

たとえば、先日（２０１７年5月14日：後楽園ホール大会）、トニー・ストームとの防衛戦の後、マスコミのみなさんに言ったことですが、スターダムに何かがあった時に私がスターダムを変えてきた、守ってきたという自負はすごくあります。

制限時間内に決着がつかず、引き分け防衛となった（撮影：柳原裕介）

でも、これからは無責任、他力本願と批判されるかもしれないけど、次は誰かが変えてくれるはず……、そう思うようになりました。それは、いつまでも『同じ景色』だと飽きられるし、それこそ、スターダムの危機につながるからです。

この本でこれまで書いてきたことを覆してしまうかもしれませんが、私個人のことではなく、スターダムという女子プロレス団体のことを考えた時に、いつまでも私だけがすべてを捧げていればいい、というわけではないのでは？　そう思うことがあります。

もちろん、これまで精一杯やってきたという自負があるから、この団体には自分がいなくてはいけないし、紫雷イオがいることによって起こることがある。それが自分にとっての使命というか、大切なことでした。それは今でも思っています。

でも、いつまでも同じ景色を見せられているお客さんはどうなのかな？　絶対に飽きられてしまうと思うんです。それは、スターダムが、紫雷イオが、そして、紫雷イオがトップにいるスターダムが……。

これまで何度も書いていますけど、私は本来、根はネガティブです。引っ込み思案で自分の意見が言えないことも多々ありました。だけど、あきっぽくもあるので、安定も好きじゃない。だって、現状維持ってつまらないですよね？　とくにそれを見せられ続ける方は苦痛じゃないですか？　私はプロレスラーは夢を与えることができる仕事だと思っているから、変化を見せていきたい。だから、これからのスターダムはその日、その時の主役が出てきてもいいと思っていますよ、私は。

日替わりでヒロインが生まれるようになれば、その瞬間を見たいからと会場に足を運ばれるお客さんが増えると思うし。いつも同じ選手が同じ締め方をしていたら、つまらないですよね？　いずれ飽きられますよ、いつも似たような景色ばかりを見せられていては。

そう思うと逆に自分がいないから起こることにも興味があるというか、気になるというか。そんな気持ちが心の片隅に、少しでもあることは事実です。そして、その〝少し〟の大きさは、状況によって変わっていくかもしれません。

私がいないとダメだから小さくなるのか。

私がいるとダメだから大きくなるのか。

これを書いている時点では、まだなんとも言えません。だけど、いずれにしても、どちらの答えを出すにしても、私も決断し、覚悟をしないといけないでしょう。

これからのことを書こうと思っても、具体的なことを書けないのが現状なので申し訳ないのですが、これだけは宣言できます。

私、紫雷イオは、どこの世界でも伸び続けたいという意欲はあります。

どこの国、どんな場所、どんなリングであってもベストを尽くす。それだけ、です。

ベストを尽くしていく中で、たとえば自分のポテンシャルが目に見えて落ちてきたな、とか、もう伸びしろがないと思ったら、そして、具体的なことを書けば大切なフィニッシュムーブのムーンサルトプレスが思うようにできなくなったら、私はリングを下ります。だから、今はもちろん、すぐにリングを下りるということはありません。

ただ、10周年を迎えて、キャリアを重ねてできることが増えると同時に、伸びしろが減っていくことに気づかされるわけです。伸び率もデビュー当時に比べたら年々、減っています。

もちろん、まだ余裕はありますが……。

そして、自分のファイトスタイルを考えると、体力的、年齢的に今はいいけど、再来年辺りからどうなのかな？　そんなことを思うことも事実です。だから、先日、10周年記念大会を開催させていただきましたが、15周年大会となると……。

この先々、紫雷イオは伸びしろがなくなりました、でも、プロレス界が居心地いいから……と居座って、お局さんみたいなことは絶対にしたくない。そういう姿を見せるのだったら、キッパリと消えますよ。だって、女子プロレスの魅力って、若い選手がパッと咲いてパッと散る切なさとか、はかなさにあると思うんです。

たとえば、今、私たちの試合を見て、勇気や希望をもらったと言ってもらえるのは、すごくありがたいことですし、嬉しいことです。特に女子中高生から「紫雷イオみたいになりたい」って言ってもらえたりすると、女子プロレスラー冥利につきると感じます。もっと多くの人にそう言っていただけるように、いろいろなところに出ていきますよ、私は。そうやって憧れを持ってくださった方々に「こうなりたくはないな」と思われるようになったら、そこでプロレスラー・紫雷イオは終わりだと思っています。

だからこそ、逆に、自分が納得できるファイトができるうちは、どこのリングでも成長していくことを約束します。

これからも紫雷イオから目を離さないように！

【特別インタビュー】

「激白！ 逸女のホンネ 素顔の紫雷イオ」

まばゆいカクテル光線に照らされ、リング上で美しく躍動する、天空の逸女・紫雷イオ。いまや女子プロレスの枠を越えて世間に認知されるようになってきたが、そのプライベートとなると……。不気味なまでに秘密のベールに包まれている。逸女はオフタイムにどんなことをして過ごしているのか？ 趣味は何なのか？ そもそも、好みのタイプの男性は？ そんな疑問の尽きない逸女の私生活に編集部が鋭く（？）切り込んでいく！

自伝ということで、プライベートの紫雷イオについても書いてもらおうと執筆依頼をしたところ「プライベートのことを自分で書くのは、ちょっと……」とのこと。そこで、インタビューを申し込んだところ「それならば……」と承諾をしてくれましたが、あまり乗り気ではないご様子で……。

いきなりの超ネガティブ反応

――イオさんのプライベートについて、いろいろお話を伺おうと思いますが……。

イオ　う～ん……（苦笑）

――聞かれたらマズイことだらけですか？

イオ　そんなわけないですよ！ マズイことはない。だけど……つまらないですよ？ 素は本当にダメダメですし……。根は暗いし、出不精ですし……コミュニケーション能力が「マイナスか！」ってほど低いですから（苦笑）。

――いきなりネガティブです（笑）

イオ　……だから、つまらないですよって言ったじゃないですか（苦笑）。私、基本的に人に誘われなければ、遊びの計画も立てない。飲み会とかに誘われても行くのは

3割以下だし……。ね？ ダメダメじゃないですか？

——本当に、それを否定できなくなってきましたよ（苦笑）。たとえば、イオさんは海外での試合経験も豊富じゃないですか？ だから、オフでも旅行好きなのかと思っていました。

イオ　行きたいと思いますよ、旅行。でも、どうしようかな？ どこへ行こうかな？ そう思っても、結局、出不精の私が勝って「やっぱり、いいや！」となってしまいます（笑）。

プライベートもプロレスラー

——……それでは、プロレスラー紫雷イオから一人の27歳の女性に切り替わる瞬間はどんな時ですか？

イオ　そこなんですよ！ この本でしつこく書いてますけど、すべてをプロレスに捧げていて、私は紫雷イオとして24時間、生きていこうと思っていて。プライベートもひっくるめてプロレスラーにしたから今があるんです。だから、何かスイッチみたいなものがあって、切り替えられるものじゃないですね。まぁ、両立ができないだけですけど……（苦笑）。

——なるほど。それでは、趣味もない？

イオ　う〜ん……って、困ってしまうんですよ(笑)。まぁ、ネイルとか美容室へ行ったりするのは好きです。でも、これって、紫雷イオとしているためのものであり、完全プライベートではないでしょ？

——たしかに、そうですね〜。今は完全にプライベートというものを存在させない？

イオ　強いていえば、猫と遊んでいる時ですかね？ お休みの日に猫を抱いて寝ているのが幸せで……それが唯一の趣味で、オフタイムかな〜。

——それ以外は紫雷イオ？

イオ　そうですね。私、元々、プロレスファンだったわけじゃないから、語弊があるかもしれないですけど、ドライな感じで職業としてプロレスラーを捉えているのかな？ ファンの経験があれば、「プロレスラーとして、こうなりたい！」というものがあるじゃないですか？ だけど、私の場合は「こうあるべきだ！」という感じなんですよ。たとえば、服装も本当はスウェットやジャージで会場入りしたいですよ？ だけど、プロとして見られた時に「それはどうなの？」と思われてはダメじゃないですか？ まぁ、自宅近所のコンビニ程度だったらスッピンやジャージで行きますけど（笑）。最低限の身なりというか、いつ人前に立たされたり、人を紹介されても恥ずかしくないようにしないとって心掛けています。ブランドものとかは……確かに好きですけど、チャンピオンとして持っていなくてはいけない、という意識が少なからずあります。

コスチュームはとにかく露出重視

――イオさんがそうすることによって下の選手たち……とくにスターダムにはキッズファイターと呼ばれる小中学生の子もいます。

イオ　そういう後輩たちに憧れてもらいたいというのもあります。「チャンピオンになれるとスゴイんだな！」って思われたいですよね。それは、リングコスチュームも含めて。

――そのコスチュームや、リングでの出で立ちでイオさんが心掛けていること、こだわりはどんなことですか？

イオ　まず、コスチュームは、いかに露出度を高くするか、ですね。もちろん、機能性を考慮することもありますけど、やっぱり、お客さんの注目を集めるためだし……そう考えると髪型もね、遠くの席のお客さんにも分かりやすいようにという意識はありますね。だって、こんな髪色していたら日常生活は、いろいろ厄介ですよ（笑）。あと、メイクはいかに崩れないか、以上！　みたいな（笑）

――その他、プロレスラーとしてのこだわりは？

イオ　まぁ、暴飲暴食をしない、よく寝る。そして、トレーニング……けっこうガッチリやっているんですけどね、そう見られませんが（苦笑）。

――いやいや、リング上を見れば一目瞭然ですよ！　まぁ、SNSで「トレーニングしました！」みたいな投稿をする選手が多い中、イオさんはそういうことを……。

イオ　でしょ！　私、イヤなんですよ、いかにも頑張ってトレーニングしました的なSNS。だって、プロレスラーだったら、やって当然のことだし。そりゃあ、使わせていただいたジムの宣伝とかになるならアリかな、とは思いますけど……。

――技とかのこだわりは？

イオ　やっぱり、ムーンサルトプレスですね！　もともとは体操のクセで手を広げないで飛んでいたけど、今は大きく広げて飛ぶようにしています。

――今や『世界一のムーンサルトプレス』と呼ばれてい

ますからね！

イオ　本当に嬉しいですよ！　だから、これからも大切に使いたいし、本書でも書いていますが、納得のいくムーンサルトプレスができなくなったら、私、プロレスを辞めますよ！

好みのタイプは○○を愛せる人

――と、いうことは、まだまだ大丈夫そうですね！　それで、今、〝辞める〟というキーワードが出ましたけど、そうなると、その先には……結婚願望ってあります？

イオ　もちろん、ありますよ。今のところ、予定は微塵もありませんが（笑）。でもね、さっき、後輩たちの憧れになりたいって言ったじゃないですか。これって、私が結婚して幸せになってこそ、「イオさんみたいになりたい！」ってなると思うんですよ。だから、そういう幸せは目指したいです。

――そもそもイオさんのタイプは？

イオ　私の場合、ルックスは気にしないんですよ。

――そうとなると学歴、収入、役職……ハードルが高くなりそうです。

イオ　そんなワケないじゃないですか（笑）。私の場合、猫が好きな人！　そこが最低ライン！　っていうか、猫が好きってだけで私の中のポイントは急上昇しますよ（笑）。そして一生懸命働いている人かな〜？　頑張っている姿を見るのは好きかもしれないです……って、こういうの恥ずかしい（苦笑）

――まぁ、恋愛系の話は鉄板ですし、自伝ですからね、編集部からぜひ入れてくれとのことで。……試合放棄します？

イオ　いや、別にいいんですけど、本当に話すことがないというのは……私、恋愛、下手ですよ。すごく下手！自分からは間違ってもグイグイいけませんし、告白もできません。相手から言われるのを待つ派です。告白、絶対無理！

――このテの話になると意外にもしどろもどろになるイオさんが言い切ったと思ったら、後ろ向きな意見ですね……。

イオ　ネガティブなんでね。そもそも好きな人ができたとしてもですよ、向こうがウエルカム状態だったらいいけど、少しでも可能性がない場合は踏み込めなくなってしまうというか……。「（告白するのは）やめよう」って諦めちゃうんですよ。だいたい片思いってキツイじゃないですか？

――片思いででも相手を想っている時間って、楽しくないですか？

イオ　全然、楽しいと思いません！　という感じでポジティブになれないんですよ、恋愛には。まぁ、根が本当にネガティブですから、仕方ないですけど。

――それはプロレスラーになる前から？

イオ　といっても、私、高校1年生でデビューしているじゃないですか？　まず、純粋に高校生だけをしていた時はバイト先で一緒だった年上の男の子で。でもね、それはプロレスラーになる前には……練習を始めた頃には別れていたし。あ、そういえば私、基本的に年上の方としかお付き合いしていないですね。

――年下はNG？

イオ　いや、機会があれば。でも、その機会がないという（苦笑）。リードしてくれれば、たぶん、年下でも同い年でも大丈夫かと思う……。

――なんか、自信なさげですね～。

イオ　だから、恋愛ド下手なんですって！　ただ、プロレスラーになって彼氏がいなかったかといえば嘘になるし、いた時期もありますよ。でも、すべてをプロレスに捧げるって決めてから、しばらくはいいか～、という気持ちになったのは確かです。

――結婚を考えたことは？

イオ　あります、あります！　19歳くらいの時にお付き合いしていた方とは、したいな～って思ったんですけど、女子って、19、20歳の頃って結婚に憧れるじゃないですか？　あとは25歳、30歳手前とか……。

――でも、周囲が恋愛していて羨ましくなりません？

イオ　そりゃ、多少はね……。

――たとえば、選手の中にも恋愛が理由でプロレス界を去る人がいるじゃないですか？

イオ　あぁ～、いますね。本書でも書いてますけど、たとえば後輩が悩んでプロレスを辞めようとしている時に、その理由が逃げや諦めだったら、引き留めますよ。逃げないことの大切さを私は知っているから。経験上、それは言えます。だけど、恋愛関係の悩みが理由だったら基本的に止めませんよ。止めるだけ野暮じゃないですか？

――それでは、もしもイオさんが寿引退をしそうになった場合は……。

イオ　止めるだけ野暮なんで、結婚させてください（笑）。

第六章

10周年を迎えていま思うこと

この本は私、紫雷イオのデビュー10周年記念本です。

ここまでザッと10年を振り返ってきました。本の冒頭にも書きましたが、3月9日の10周年記念大会に出場してくださった選手のみなさん、運営に携わってくださったスタッフのみなさん、いつも私のことを扱ってくださるマスコミのみなさんには感謝です。そして！　なによりも、応援してくださっているファンのみなさま！　いつもありがとうございます。

思えば、この10年間を通じて私を支えてくださった人たちはたくさんいます。

それは一緒に闘って競ったレスラー仲間もそうですし、社長をはじめとするスターダムスタッフのみなさん。そして、この10年間で影響を与えてくださったみなさん。私は、本当に人に恵まれているんだなと実感しています。みなさんがいたからこその、今の紫雷イオですし、10周年です。

とくにスターダムに入団してからの5年半は、いろいろな人に関わることができて、とても充実していました。出会った人もいれば、去った人もいます。ここで改めてお礼を言うのは少し恥ずかしい気もしますが……これも縁ということで、振り返ってみようと思います。

男子プロレスから受けた影響

時折、「イオさん、よく男子（プロレス）の会場にいますよね？　勉強熱心ですね！」と言われることがありますが、たしかに男子のプロレス団体はよく観戦しに行っています。

現在はスケジュールの関係で新日本プロレスさんがほとんどですが、できることならば全団体を観戦してみたいと思っています。

本当は女子の団体も行きたいんですけどね……。会場に行って余計な波風を立ててもしかたがないし。いまはチェックできるものは動画で、という感じです。

何度も書いていますが、私、紫雷イオはプロレスに興味があってプロレスラーになったわけではありません。なにせ、3カウントルールすら知らないままデビューしたほどですから、プロレスを観るようになったのは、ここ10年のことです。

だから、もちろん、勉強のためでもありますし、なにより私自身がプロレスが好きなんです。プライベートで行って、〝あぁ楽しかった！〟って息抜きになることもありますし、会場に行って観戦しなければ、良くも悪くも語ることができないと思っています。

だから、ちゃんとお客さんとしての目線を持って観戦して、いいと思ったことは参考にして、ダメだと思ったことは反面教師にして、そこで感じたことをスターダムという団体に還元するようにしています。それがたとえ、男子のプロレスにあって、女子のプロレスにはないものだとしても、私がいいと思ったものであれば取り入れたいなと。

たとえば、新日本プロレスさんの大会は第1試合からメインイベントまで、ひとつのパッケージとして完成度が素晴らし過ぎます。もちろん、今はまだまだですけど、それを将来的にスターダムに取り入れたらどう進化するのか？　そういうことを考えながら観る愉しみというものもあります。それが私が男子プロレスを観る理由ですね。

影響を受けた男子選手は、まず、レイ・ミステリオ（現・レイ・ミステリオ・ジュニア）です。この本でも書いていますけど、プロレスを知らずにデビューした私が、いろいろな意味でプロレスに興味を持つキッカケになった存在です。たしか、デビューして2年目くらいだったと思います。

当時の私は知識がなかったため、プロレスは闘いだから、蹴ったり、殴ったり、関節技を決めたりすることが主体なのかなと思っていました。そんな時にレイ・ミステリオの試合を見て、「あ、こういうスタイルがあるんだ！」って。衝撃的でしたし、自分にもチャンスがあると思ったんです。レイ・ミステリオの動きって誰でもできるものではないけれど、私は器械体操をやっていたから、そのまま活かせるし、自分のスタイルができるんじゃないかな？　そういうヒントをもらった感じです。

そしてやはり、受けた影響の大きさといえば新日本プロレスの棚橋弘至選手です。雑誌で対談をさせていただいたのですが、その時のお言葉から学ぶべきことが多かったですし、今でも心掛けていることがたくさんあります。

たとえば、自分だけではなく周囲を含めて考えていらっしゃるところは、すごいなぁと。やっぱり、人間って自分がよければ……と考えがちじゃないですか？

でも、棚橋さんは常に新日本プロレス全体のことどころか、プロレス界全体のことを考えていらっしゃる。その姿勢を見て、覚悟というか、背負う気持ちがないといけないって思いました。

自分だけのことで悩んでいちゃいけないとも思ったし……とにかく、棚橋さんとの対談は学ぶことしかなかったです。言葉の選び方や人として色気……プロレスラーとしてはもちろんですけど、私もこういう人間になりたいという憧れがあります。

ももいろクローバーZについて

ここ最近、おかげさまで芸能関係のお仕事が入ることがあります。

グラビアだったり、テレビやラジオの番組に出演させていただいたり……。

本来は引っ込み思案で人の後ろに隠れていたい私ですが、スターダムを知ってもらうきっかけになればと思って、お引き受けしています。プロレスを見たことがない人たちに、私たちを知ってもらうチャンスですし、話があればどんどんやりたいですね。

もっと有名になりたいですよ、人生をプロレスに捧げているので。捧げているのに誰にも見てもらえないのは悲しいじゃないですか。やっぱり、私たちのプロレスをもっと多くの人に見ていただきたいですから、そのためだったらグラビアで一肌でも二肌でも脱ぎますよ。それぐらいの覚悟はあります。

ありがたいことに、いろいろな芸能人の方と共演させていただきましたが、その中で私が影響を受けたのは、ももいろクローバーZさんです。

２０１５年4月21日に中野サンプラザで開催されたトークイベント『ももクロvs女子プロレス　ももいろクローバーZ　試練の七番勝負番外編』で、スターダムが提供試合を行ったことがキッカケです。

以降、夏のイベントなどにも呼んでいただくようになり、嬉しいことにモノノフさん（ももいろクローバーZのファンの方々）がスターダムのファンになって会場に足を運んでくださるという現象も起きて、スターダムとしては嬉しい展開になりました。

私が感動したのは、あんなに大スターなのに、ずっとニコニコと笑顔で接してくださって。絶対に疲れているはずなんですよ、あの時のスケジュールを考えると。

それなのに写真も笑顔で対応してくださったり、人前で笑顔を絶やさない姿勢は、すご

2017年に還暦を迎えたスターダムの社長のロッシー小川（中央）。５月に開催された還暦パーティーには多数のプロレス関係者が集結した（撮影：大川昇）

く衝撃的だったし、感動しました。リハーサルを見学するチャンスもあったのですが、そこから全力なんですよ！　メンバーのみなさんが、ももいろクローバーZというグループにすべてを捧げているんだと感じたし、人気があるということの裏側にはそうした努力や姿勢がある、と勉強になりました。とても影響を受けましたね。

小川社長について

小川社長を一言で表すならば、やはり、恩人です。

あの事件の後、私はもうプロレスはできないって諦めていました。そんな時、小川社長は「大丈夫だよ」って、プロレス復帰を認めてくれる言葉をかけてくださいました。

この言葉がなかったら、今の紫雷イオはいないわけです。あの言葉があったからこそ、私はプロレスに、そして、スターダムにすべてを捧げようと思いましたし、その結果、すべてが私自身に返ってきました。そのチャンスを作ってくれたのは、間違いなくロッシー小川という人物ですから。

復帰してからは、もちろんありがたいことではありますけど、私を成長させるために、いくつもの試練を与えてくる……。いわば紫雷イオを創造する神さまみたいなもんです。まぁ、時には試練が厳しすぎて悪魔に見えることもありますが……。

たとえば、外国人選手ですよ！　よくもまぁ、世界中から強豪を集めて赤いベルトに挑戦をさせてくるなぁと。やはり、日本の女子とはパワーが格段に違うことがあるし、太刀打ちするのがやっと……ということもあります。

そんなロッシー小川の刺客には、けっこう辛い思いをさせられていますよ。時々、「女の子にそういう言い方しますか?」ということもありますし……（苦笑）。

小川社長の懐の深さは紫雷イオにとっては父なる大地、という感じもします。

社長がスターダムという大地を作ってくれたからこそ、私もそこに根を張れたし、今回、こうして10周年を迎えることができました。

そうそう、この本のお話をいただいた時も、私が戸惑っていると、「自伝を出すチャンスなんて普通はないんだからさぁ〜、絶対にやったほうがいいよ！」って背中を押してくれたのも小川社長でした。あの一押しがなかったら、この本もなかったわけです。その点でも感謝ですね！

ただ、やはり、〝ロッシーイズム〟には、驚かされたり、戸惑わされたりしますよ。

たとえば、選手が大量離脱した時も「なんとかなる」というスタンスを貫いて、出ていく人を止めないんです。その後、団体が苦しくなることが分かっていても。きっと、その人の人生を考えて引き留めないのでしょうけど、それができてしまうのがロッシー小川なんだなって。それでいて、戻ってきた人も受け入れてしまう懐の深さはすごいと思いますし、だからこそ、スターダムがあるのでしょう。

そして、ロッシー小川という人間は、ヒロインを作ることに長けているなぁって、いつも感心させられます。しかも、ジックリ育てた結果ではなく、急に〝ポンっ！〟って感じでスターを作ってしまうのはロッシーマジックなのかなって。これもスターダムが面白い理由のひとつだと思うし、これからも小川社長の手腕に期待しています！

ここ最近、いろいろなオファーがありますけど、それもこれも小川さんがスターダムを作ってくれたからであり、私自身、紫雷イオだけが評価されただけではなく、スターダムの一員として評価されたと感じています。

還暦を迎えて、ますます元気だなぁって思いますけど、あまり無理はしないでください。私にとって、いや、私たちスターダムの選手にとって、小川社長はプロレス界の父なる大地なんですから……。

後輩たちへのメッセージ

後輩……。私はスターダムに入団する前はフリーランスだったし、スターダムに入団してからも、レスラーとしてのキャリアは長いわりにスターダムの在籍年数は短い……ということで、純粋な後輩たちができたのは最近のことです。

その中には、私がメインイベントに出るようになってから、私やスターダムに憧れて入門してくれた子もいます。彼女たちにとって、私だったり、岩谷麻優だったり、先輩のレスリングは女子プロレスのテンプレートになります。後輩たちのプロレス観に影響を与えているかと思うと、先輩として気が引き締まるし、後輩に対する思い入れも自然と強くなりますね。

その中で今、私が組んでいるユニット「クイーンズクエスト」についてきてくれた後輩たち……。時々「イオさんが後輩たちを育てるためのユニットでしょ？」みたいなことを言わ

クイーンズクエストの後輩たち。左からAZM、イオ、HZK、渡辺桃（撮影：柳原裕介）

れますが、私自身はこのユニットに関しては〝育てる〟という言葉はイヤなんですよ。なんか恩着せがましいというか、そんな感じがして。一緒に成長していければいいなと思っているのが本音で。一緒にやっていくなかで、私の何かを盗んで成長してくれたら嬉しいと思っています。

まず、AZM（あずみ）だけど……クイーンズクエストに合流してくれたのは、すごく嬉しいよ。一緒に成長していきたいと思う。だけど、まだ14歳でしょ？　もしも、これからプロレス以外にやりたいことが見つかったら、それで幸せになれるんだったら私はその選択を応援しますよ。いろんな世界を見ることも大事なことだし。

でも、もしも、プロレスを続けてくれる

のであれば、11歳でデビューしたんだっけ？　その若さが武器と財産になるから大切にしてほしい。ちなみに、何気にスターダム歴は私よりも長いです（笑）。

渡辺桃は今（２０１７年5月現在）、ケガで欠場しているけど、成長期で身体が大きくなっているし、試合もよくなってきたところでの欠場は悔しいと思う。だけど焦らないでね。桃は中学生でデビューしたでしょ？　たとえば10年のキャリアを積んだって、まだ24歳。もちろん、プロレスを続けるかどうかは本人次第だけど、先は長いし、ＡＺＭちゃん同様に、若さとキャリアは大きな武器になるから。だから、今はジックリと完全にケガを治してほしいです。

あと、桃は白いコスチュームを着ていた時から、子どもっぽさを出しながらも顔面にエゲつないミサイルキックをブチ込んでくるような気の強さもあるし、淡々となんでもできてしまう職人肌なところもあって、それは長所だからバランスよく伸びてほしいな。

そして、ＨＺＫ（はづき）。彼女は一度、家庭の事情でプロレスを離れて、２０１６年11月に私のパートナーとして復帰しましたが、当初、私の頭の中ではＨＺＫをサンダーロックに入れてユニットにしようというアイディアがあって。だけど、ＨＺＫをサンダーロックに押し込めるのも、なんか違うなって思って、私が麻優に一発喰らわせてクイーンズクエストを始めました。それから、ずっと一緒に行動しています。

私が今、嬉しいのはＨＺＫの評価が上がっていて、春頃から私の周囲でも〝ＨＺＫ推し〟が増えているってことです。アトミック・ボムズアウェイをフィニッシュにしてからは勝率も上がっているし、この先が楽しみという感じかな？

最近、「ＨＺＫは若い頃のイオみたいだね」という声も聞こえてきますが……まぁ、二人とも根が引っ込み思案で、気が強いように見えて気が弱いところは共通しているかもしれません。あと、ＨＺＫは研究熱心なところもあって、男子の試合会場での目撃談も多いよね。チャラチャラしているように見えて、一番、真面目だっていうことは私がちゃんと分かっているから。ＨＺＫがプロレスに人生を捧げているのも知ってるし。……そういう点では今、一番、身近な存在なのかな？

プロレスで何かが変わるか分からないよ。だけど、何かが変わるのがプロレスだって、私が身をもって体験してきたことだから。そういった点では楽しみな存在です。もちろん、桃もＡＺＭちゃんもね！

美闘陽子へ

美闘さんはね……もったいないなって思うことが多々あって。

リングで睨み合う美闘陽子とイオ（撮影：柳原裕介）

ポテンシャルは高いし、背も高いし、華はあるし、ルックスもいい。そうやって、人が羨むものを持っているのに、私たちがもどかしくなる。それが今の美闘さん。本当は、そんなもんじゃないでしょ？　みたいな。

私、フリーとしてスターダムに上がり始めた時に、美闘さんの蹴りを初めて受けて心臓が止まるかと思ったんだ。このリングに上がらない方がよかったとすら思った。それほど血も涙もない蹴りだった。それを知っているから余計にもどかしくなるのかな？

美闘さんは本当は私たちを熱くさせるものを持っていると思うんだよね。だから、２０１６年に約４年ぶりに復帰して、『５☆ＳＴＡＲ　ＧＰ２０１６』に優勝してリング上で私に挑戦表明した時に、美闘さんの言葉に熱くなったよね、私。

それで、思わず、後で周囲から「王者なのに品がない」って怒られるほどヤンキーみたい

スターダムの黄金カードだったイオvs宝城カイリ。カイリは新しい戦いの場へ（撮影：大川昇）

な口調で返したよね？　もちろん、それは美闘さんがいない間にスターダムを守ってきたという自負もあったし、当時、スリーダムから美闘さんを入れて四天王と呼ばれることに違和感を覚えていたのが、正直なところ。だけど、それを差し引いても私を熱くさせる何かを持っているんだから……やっぱり、もどかしい。美闘さんが何かを背負った時にスターダムの新しい景色が見えると私は信じています。

宝城カイリへ

宝城カイリ……って書いていいのかわからないし、そもそもアナタのことを、この本で取り上げていいのかも微妙です。

だって、本が出版される頃には新しい世界を航海しているだろうし、だけど、これを書いている今はまだスターダムの一員だし……微妙（笑）。

２０１５年2月以降の大量離脱の前に宝城カイリというプロレスラーが、ここまですごくなるって誰が思っただろう？

岩谷麻優が天才肌なのに対して、宝ちゃんは良くも悪くも誰のアドバイスも耳に入れないというか、根性でやり抜いて成し遂げる。そして、最終的に自分のモノにする努力の人だって、この2年ですごく思い知らされた。誰もアナタがここまで泥臭くて熱い人間だと思っていなかったと思う。

でも……私はよく、「プロレスに人生を捧げる」って言ってるけど、宝ちゃんも手段は違えど、プロレスに人生を捧げている人だと思う、間違いなく。それは仲良しこよしじゃなくたって分かる。すごくファンの人を大切にしているし、すごくプロレスに向き合っている。

あと……5月14日の宝ちゃんのラスト後楽園大会の後に、私は「宝城カイリは運命の相手。これからも試合をしていきたいし、その舞台は世界のどこであってもいい」って言ったけど、それは嘘じゃないから。

まぁ、どうなるか分からないけど。それと……今のところ最後の一騎打ちになった試合の時にかぶっていたマスクに「イオさん大好き！」って書いてくれたようで……。そういうと

サンダーロックで共闘した岩谷麻優（右）。よき仲間であり、よきライバルだ（撮影：大川昇）

ころが、らしいなって思ったよ。また、どこかで会いましょう！

岩谷麻優へ

岩谷麻優……あえて、サンダーロックを組んでいた時のように麻優って書くけど、思えば、サンダーロック以前にも、私がスターダムに参戦した時から常に横にいてくれたのが麻優だったよね。今は離れているけど、私の10年のプロレスラー人生の中で、最高のタッグパートナーだったって断言できる。

まず、組んだのがPLANET（プラネット）というユニット。だけど、途中、私があの事件で参加できなくなって。復帰をしたいってリングで泣きながら宣言した時に、「PLANETのリーダー代行としてひとこと言わせてください。PLANETはイオさんがいないとまとまらないんです。ずっと待ってるんで、いつかまた試合して、一から頑張っていきましょう！」って言われて……、嬉しかったよ。

麻優は……本当はすごいポテンシャルを持っているのに、私以上の2番手気質で、スターダムの隠し玉とか言われながらも覚醒しきれていない部分があって。時々「岩谷麻優は紫雷イオと組むようになってよくなった」って言われることがあるけど、私はそうじゃないと思っている。

麻優はなんでもできるタイプで、「あれがいいな」ってものを見ただけで習得できる天才肌だなって、何度も思ったことがあるんだよね。サンダーロックを組んでいて、何度も「麻優には敵わないな」って思わされたほど、才能を感じた。だから、隣にいてもどかしい思いを何度もさせられたのね。それが離脱で選手がいなくなって、麻優の本来のよさが浮き彫りになって、ようやくみんなが気付いてくれたんじゃないかな？　私はそう思う。

あと、サンダーロックは最高過ぎて、安定し過ぎていたから、あのまま続けていても伸びしろがないじゃない？　ずっと横にはいたけど、ベタベタしなかったし、その代わり、必要な時はガッチリ組み合わさって、私は居心地よかったよ。そこが長続きの秘訣だったのかな？　でも、少しずつプロレス観の違いが出てきたし……それは麻優が求めるものが変わったのか、私が求めているものが変わったのかは分からないよ。っていうか、それは麻優自身が一番分かっていることだと思うし、それが私がサンダーロックを解体しようと思ったキッカケのひとつでもある。

ずっとタッグを組んでいて遠征でも同じ部屋になることが多かったし、プライベートで旅行に行ったりして、なんだか本当の姉妹みたいだったけど、私は麻優とは闘って競いたいって思っていた。だから、くすぶっている時の麻優のもどかしさといったら……そういう点でも離れてよかったと思っている。

だって、２０１６年最後の大会（12月22日：後楽園ホールにおけるワールド・オブ・スターダムタイトルマッチ）のような熱い闘いもできるし……麻優とは何度もシングルマッチをやっているけど、その都度、前回を上回る試合ができている。それってお互いに成長しているってことだし、だから、今の選択はお互いにとって間違いじゃなかったと信じています。

（追伸。この本の発売直前の6月21日の後楽園ホール大会で麻優とワールド・オブ・スターダムのタイトルをかけて闘うことになりました。正々堂々、闘いましょう！　麻優が変わるのか？　時代が変わるのか？　それとも何も変わらないのか？　楽しみにしています）

ファンのみなさまへ

私のプロレスラー生活10年の中で一番、感謝しなくてはならない存在……もちろん、それは応援してくださるファンのみなさまです。いつも声援だけではなく、プレゼントや差し入れまでしていただいて……感謝、感謝です。

よく「リングの上でファンの顔は見えていますか?」、「声援は聞こえますか?」という質問を受けますが……もちろん、見えていますし、聞こえます！　励みになります！　最近では嬉しいことに女性ファンの声も届いていますし、「イオ様ーっ！」という声援もバッチリ聞こえます。嬉しい！　だけど、ちょっぴり照れくさい（笑）。

たとえば、最近では2017年5月14日のトニー・ストーム戦で私は彼女の技で首を傷めてグロッキーになりました。だけど、意識朦朧としながらも耳には「イオー！」という声援が入ってくるわけです。

「ここで立ち上がらなかったら女が廃る！」

そう思ったからこそ、立ち上がることができたんです。

売店でも毎回、長い列を作ってくださり、グッズを買ってくださることも本当にありがたく思いますし、嬉しいです。だけど……私がこれまでにプロレスラーはもちろんですけど、アーティストのファンになったことがなく、ファン心理というのでしょうか。「ファンの方はこうしたら喜んでくれるのかな?」的なところがイマイチ分かっていないと思います。だから、時にはぎこちない対応になってしまうこともあります。その点は申し訳ないし、これからの紫雷イオの伸びしろということで御容赦いただきたい(苦笑)。

第三章でも書きましたが、あの事件があって、私自身はファンの方々が離れていっても仕方ないと思っていました。それは悲しいことだけど、たとえ冤罪だったとしても、大きな心配をかけてしまったのが事実ですしね。だけど、多くのファンの人が待っていてくれた嬉しさ、感謝、あの時の感激は、これからの人生でも忘れません。

今、私の去就について心配されている方もいらっしゃると思います。それについては話せることと、そうでないことがあって、余計に心配をさせてしまい、本当にごめんなさい。だけど……これは私のファンの方の気質なのでしょうか。達観されているというか、大人な方が多く、いろいろなニュースが流れる中で、多くの方が「イオさんにはイオさんの信じた道を進んでほしい」という意見が多くて……。そう信じてくださるのが嬉しいですし、頼りになります。このようなファンのみなさんの声援があるから、これからの紫雷イオに期待してくださいと自信を持って言えます!

だから、これからも応援、よろしくお願いします!

おわりに

まずは読んでくださったみなさん、ありがとうございました！

ファンの方々はもちろんのこと、偶然、手に取ってしまった方もいらっしゃることでしょう。本当に長々と私の読みにくい文章につきあっていただき、ありがとうございました。

それにしても……まさか、私、紫雷イオの自伝が世に出るとは……誰が思っていたことでしょうか。もちろん、私が一番、思っていませんでした。

「デビュー10周年記念にいかがですか？」とお話をいただいたのは２０１７年が明けて早々のことです。その時は3月9日の記念大会以前のことで、10周年の実感が、まだ湧いていませんでした。

ただ、これまでのことで私が得たことが、誰かの何かのヒントになるのであれば。そして、これからのことが気になっている方々へ、何かしらの答えを出せるのであれば。そう思って、「お願いします！」と決断しました。

今後のことについて、本当は書きたいことがありました。だけど、締め切りギリギリまで答えが出せず、その点は申し訳ないと思っています。そして、この本がみなさんのお手元に届く頃になっても、まだその答えが出ていないかもしれません（……もしかしたら、出ている可能性もありますけど……）。

思えば、10年前にデビューした頃には男子のインディー団体出身だったことや、やんちゃなルックス、そして至らない試合内容から、私を快く思っていない方が多かったと思います。自分自身もプロレス業界から消えてしまいたいと思ったことは何回もあります。

そんな私がデビュー10周年を迎え、世界から声がかかるようなプロレスラーになれました。留置所で変なご飯を食べていた女が世界に羽ばたくかもしれない。容疑者からスーパースターになれるかもしれない。その可能性を含んでいるのがプロレスです。

私に限らず、人生で挫折とか失敗はあるわけで、今に幸せを感じている人もいれば、不幸を感じている人もいる。でも、そこで腐ってしまうと、その事が〝イヤな経験〟になるって。そう強く思うきっかけになったのは、やっぱりあの冤罪事件でした。

本文では軽くしか触れませんでしたが、私が釈放されてから10日ほど経って事件の真犯人が会見を開きました。犯人はプロレス関係者で、私と一緒に逮捕された人を貶めるために、大麻を仕込んだ絵を渡した、と告白しました。

真相を知った直後は、やり場のない怒りが湧いてきました。

私は冤罪事件で本当にいろいろなものを失いました。プロレスラーとしての信頼もそうですし、警察に拘留された時間もそうです。仲間だと思っていた人に裏切られたりもしました。逮捕の時はあれほど大きなニュースになったのに、私が無罪だったことはほとんど報じられなかったのもショックでした。だから、心の底から犯人たちを恨みました。

でも、しばらく経って、彼らを恨んでいても何も始まらないことに気がついたんです。憎しみのキャッチボールは、誰かがボールを投げ続けている限り終わりません。恨んでも、自分の辛い記憶やイヤな思い出が消えることはないんですよね。だったら、この負の連鎖は誰かが断ち切らなきゃならない。自分から前に進まなきゃって思ったんです。

幸いなことに、私にはまだプロレスが残されていました。

恨みや憎しみの感情を飲み込んで、リングという神聖な場所でがんばり続ける。そうすれば犯人や心の中で私を笑っていた人たちを見返せるかもしれない。失った信頼だって取り戻せるかもしれない。だから、私は自分のすべてをプロレスに捧げる覚悟を決めて、ずっと闘い続けてきました。

あの時、もしもプロレスがイヤになって逃げていたら、二度とプロレスのプの字にも触れたくないという人生を送っていたことでしょう。もしかしたら、プロレスという文字を見るだけで心臓をえぐられるような、傷口に塩を塗られるような感情を持ったと思います。だけど、私はあの時に諦めずに、ここまで続けてきたからプロレスラーが天職と思えた。

正直、犯人たちを許せるところまではいっていないけど、事件のことを乗り越えることができたし、人間として大きく成長することもできた。自分がやってきたことが誇りに思えるようになるまで逃げださないで続けることが大切だと、プロレスに教えてもらったんです。

だから、これは後輩へのメッセージでもありますが、何かの壁にぶつかっても、できるだけ逃げないでほしい。そして、一番になるには……本気で一番になりたかったら、本気で人生を捧げなきゃダメですよ。そうじゃないと認めてもらえないと思います。

最後になりますが、今回、この本の企画を提案してくださった彩図社の権田さん。文章構成でアドバイスをしてくださった入江さん。対談への出演を快諾してくださったブル中野さん。写真を提供してくださったスターダムのオフィシャルカメラマンの柳原さん。同じく写真を提供してくださっただけでなく、表紙写真を撮り下ろしてくださり、対談にも出演してくださった、私のプロレス界の父親である大川さん。そして、文章なんて書けないと渋る私に「自伝を出せるチャンスなんて、めったにないから」と背中を押してくれた小川社長……。

何よりも、この10年間を支えてくださったファンのみなさん、関係者の方々に感謝しています。本当にありがとう！

２０１７年５月吉日　紫雷イオ

■ 著者紹介

紫雷イオ（しらい・いお）

1990年5月8日生まれ。神奈川県鎌倉市出身。2007年3月4日、『MAKEHEN』のリングにて浦えりか＆浦井百合＆竹迫望美戦でデビュー（パートナーは植松寿絵、紫雷美央）。2010年に華名（現ASUKA = WWE）、姉の美央と共にトリプルテイルズ結成。翌2011年、同ユニットを脱退後、フリーに。2012年5月にスターダム入団。2013年4月に団体の最高峰であるワールド・オブ・スターダム第三代王者となり10回防衛達成。2015年12月、二度目のワールド・オブ・スターダム戴冠。第七代王者となり、前人未到の14回防衛を達成（2017年5月末現在）。2015年、2016年、プロレス大賞の女子プロレス大賞を2年連続受賞。

取材・制作協力：株式会社スターダム

覚悟《かくご》

「天空の逸女」紫雷イオ自伝

平成29年7月18日　第1刷

著　者　　紫雷イオ

構　成　　入江孝幸

発行人　　山田有司

発行所　　株式会社　彩図社
東京都豊島区南大塚3-24-4
MTビル　〒170-0005
TEL：03-5985-8213　FAX：03-5985-8224

印刷所　　シナノ印刷式会社

URL http://www.saiz.co.jp　Twitter https://twitter.com/saiz_sha

　ISBN978-4-8013-0235-8 C0075